KB081247

신경 끄기 연습

KI NI SHINAI SHUKAN YOKEI NA KIDUKARE GA KIETEIKU 61 NO HINT
© YOSHIHITO NAITO 2022
Originally published in Japan in 2022 by ASUKA PUBLISHING INC.,TOKYO.
Korean Characters translation rights arranged with ASUKA PUBLISHING
INC.,TOKYO, through TOHAN CORPORATION, TOKYO and
Imprima Korea Agency, SEOUL.

이 책의 한국어판 저작권은
TOHAN CORPORATION,TOKYO와 IMPRIMA KOREA AGENCY를 통해
ASUKA PUBLISHING INC.,TOKYO.과의 독점계약으로 유노북스에 있습니다.
저작권법에 의해 한국 내에서 보호를 받는 저작물이므로 무단전재와 무단복제를 금합니다.

신경 끄기 연습

나이토 요시히토 지음 김한나 옮김

걱정, 초조,
두려움을
뛰어넘는

61가지
심리 기술

프롤로그

지나치게
노력하지 마라

'남들이 싫어하면 어쩌지……?'

'이상한 발언을 해서 비웃으면 어쩌지……?'

'남들의 시선이 신경 쓰여서 견딜 수가 없어……'

이처럼 어떻게 해야 대인관계를 원만하게 형성할 수 있는
지 고민하며 안절부절못하는 사람이 꽤 많을 것이다.

확실히 상대방을 배려하는 것은 중요하다. 하지만 그것도
정도의 문제다. 지나치게 다른 사람을 의식하다 보면 자신의
마음만 괴로워지고 만다.

아무리 인간관계에 배려가 중요하다고 해도 적당히 해야 하고, 더욱 중요한 건 억지로 좋은 사람이 되려고 애쓰지 않는 것이다.

보통 온화하고 상냥하며 친절한 사람을 좋은 사람이라고 평가한다. 그러나 다른 사람에게만 신경 쓰면 오히려 자신의 건강을 해칠 수도 있다. 조금은 자기중심적이어도 상관없달까? 자신을 첫 번째로 소중히 여기고 상대방은 두 번째로 소중히 여기는 정도면 괜찮다.

상대방에게 쌀쌀맞은 태도를 보이며 냉담하게 대할 필요까지는 없지만 자신의 마음을 소중히 여기며 상대방도 소중히 여기는 균형을 잘 잡아야 한다.

이 책은 인간관계에서 지나치게 노력하는 사람을 위해서 집필했다. 매번 긴장하지 않아도 되도록 61가지의 신경 끄는 법을 정리했다. 전부 실천하기 쉬운 것들이므로 분명히 '뭐야, 별로 신경 쓰지 않아도 됐잖아!', '좀 더 마음 편히 생각하자!'라며 마음속이 후련해질 것이다.

그럼 끝까지 잘 읽어 주기 바란다.

• 차례

1장 · "왜 우리는 남을 신경 쓸까?"
신경 끄기 연습 1: 편견 깨닫기

2장 · "어떻게 해야 눈치 보지 않을까?"

신경 끄기 연습 2: **생각 전환하기**

3장 · "어떻게 해야 좋은 인상을 줄까?"

신경 끄기 연습 3: **바로 행동하기**

4장 · "어떻게 해야 나를 지킬까?"
신경 끄기 연습 4: 초조함 내려놓기

5장 · "어떻게 해야 후회하지 않을까?"
신경 끄기 연습 5: 사소한 것 떨치기

6장 · "어떻게 내 삶의 주도권을 잡을까?"

신경 끄기 연습 6: **단단하게 마음 다지기**

1장

"
왜 우리는
남을
신경 쓸까?
"

신경 끄기 연습 1:
편견 깨닫기

☐ '분명히 날 이상하게 봤을 거야'라는 생각이 자주 든다.

☐ 말을 제대로 못해서 한심해 보일 것 같다.

☐ 내가 불안해 하는 걸 모두가 알고 비웃을 것 같다.

☐ 내 속마음을 누구나 다 꿰뚫어 볼 것 같다.

☐ 예의상 웃는 것조차 너무 힘들다.

☐ 조금만 긴장해도 얼굴이 빨개져서 속상하다.

☐ 남에게 싫은 말을 하는 게 너무 어렵다.

☐ 창의적이지 못한 나를 무능하다고 생각할 것 같다.

☐ 깊게 사귄 친구가 없어서 스스로가 한심해 보인다.

해당하는 항목이 있다면
왜 타인의 눈치를 보느라 힘든지 알아야 한다.

01

아무도 내게
관심이 없다고?

 # 스포트라이트 효과

"누가 나에게 그렇게 신경 쓰겠어?"
"날 봤을 거라는 건 착각이야."

스포트라이트란 한 사람만 밝게 비추는 조명을 말한다. 우리는 마치 무대 위에서 스포트라이트를 받는 것처럼 주위 사람들 속에 혼자 떠 있는 느낌을 자주 느낀다. 심리학에서는 이런 마음의 효과를 스포트라이트 효과spotlight effect(조명 효과)라고 한다.

하지만 현실적으로 보면 대부분 자기 자신을 걱정하느라 바빠서 다른 사람에게 전혀 신경 쓰지 않는다. 즉, 주위 사람들은 나에게 눈곱만큼도 신경 쓰지 않는 경우가 대부분이다.

따라서 '남들 눈에 어떻게 보일까?'라고 걱정하고 신경 써 가며 생활할 필요가 전혀 없다.

거짓말일 거라고 생각하는가? 실제로 이 효과는 심리학 실험에서도 이미 확인되었다.

우리는 종종
자의식 과잉이 된다

미국 코넬대학교의 토머스 길로비치Thomas Gilovich는 학생들에게 베리 매닐로우라는 뮤지션 사진이 큼지막하게 프린트된 매우 민망한 티셔츠를 입히고 캠퍼스 안을 한 바퀴 돌고 오라고 부탁했다.

학생들이 캠퍼스를 한 바퀴 돈 후 실험실에 돌아오자 토머스 길로비치는 이렇게 물었다. "지나는 길에 만난 사람들 중 당신을 본 사람이 얼마나 됩니까?" 그러자 참가자들은 "사람들 중 47퍼센트는 확실히 나를 봤을 것이다"라고 추측했다.

사실 이때 실험의 다른 협력자가 티셔츠를 입은 실험자의 뒤를 몰래 따라 갔다. 그리고 티셔츠를 입은 실험자가 지나가며 만난 사람마다 "지금 지나간 사람의 티셔츠를 봤나요?"

라고 확인했다. 그런데 이 이상한 티셔츠를 알아차린 사람은 24퍼센트에 불과했다고 한다.

결국 우리의 자의식에 너무 지나친 부분이 있다는 걸 알 수 있다. 남들이 별로 보지 않는데도 '분명히 봤을 거야!'라며 억측하는 것이다.

정말
쓸데없는 걱정이다

극단적으로 민망한 행동을 하는 게 아니라도 우리는 무심코 자신에 대해 이것저것 주의한다. 하지만 현실적으로 사람들은 자신 외의 남에게 별로 신경 쓰지 않는다. 그러므로 쓸데없는 걱정은 하지 않아도 괜찮다고 심리학적으로 보장할 수 있다.

'내가 남의 시선을 지나치게 신경 쓰는 이유는 스포트라이트 효과 때문이구나!'라고 생각하면 마음의 부담도 조금은 줄일 수 있지 않을까?

KEY Point ————————————————————

내가 남에게 관심이 없는 만큼, 남도 나에게 관심이 없다.

02

왜 스스로
꼴불견이라고 생각할까?

긍정적 추측법

"나에 대해 너무 엄하게 평가하고 있었네."
"나는 내 생각보다 잘하고 있어."

"남들 앞에서 말을 잘하는 편인가요? 아니면 말주변이 없는 편인가요?"

남 앞에 서면 얼굴이 새빨개지고 목소리와 손가락까지 떨리는 사람이 있다. 그런 사람은 회의에서 누군가가 의견 내기를 요구하거나 본인이 나서서 발언해야 하는 상황을 몹시 싫어한다. '보기 흉한 모습을 보여 주고 싶지 않다', '부끄러운 부분을 보여 주는 게 싫다'라고 생각한다.

이런 상황이 신경 쓰이는 사람은 많을지도 모른다. 하지

신경 끄기 연습

만 이것도 정말로 쓸데없는 걱정이다. 꼴불견이라거나 이상하다고 생각하는 사람은 사실 자신뿐이다. 다른 사람은 전혀 그렇게 생각하지 않으니 걱정할 필요가 없다.

그런데 도대체 그걸 어떻게 알 수 있다는 말일까?

사람은 스스로를 엄격하게 평가한다

캐나다에 있는 브리티시컬럼비아대학교의 린 알든Lynn Alden은 자신의 의견을 능숙하게 말하는 사람과 그렇지 못한 사람을 모아서 말하는 모습을 영상으로 찍었다. 그 후 그 영상을 다른 학생들에게 보여 주고 평가하게 하는 한편, 의견을 말한 사람에게도 스스로 자기 자신을 평가하게 했다.

그 결과 의견을 잘 말하지 못하는 사람은 자신에 대해 "나는 손이 떨리고 목소리도 떨려서 엄청 한심한 모습을 보였다"고 평가했다.

그러나 영상을 보고 평가한 사람들은 달랐다. "이 사람은 자기주장을 정확하게 하고 유창하게 말하며 불안함도 느끼지 않는 것처럼 보인다"라고 평가했다.

본인만 자신이 심각하거나 이상하다고 생각할 뿐이며 다

른 사람은 전혀 그런 식으로 생각하지 않는다는 사실을 실험으로 확인한 것이다.

내 생각보다 나는
잘하고 있을지도 모른다

자신의 목소리를 녹음해서 들어 보면 대부분의 사람은 부끄럽게 느낀다. "어!? 내 목소리 이상한데?"라고 생각한 경험이 있지 않은가? 하지만 다른 사람들은 그렇게 느끼지 않고 매우 평범한 목소리라고 생각한다.

아무래도 우리는 자기 자신에 대해서 매우 엄격한 평가를 내리는 경향이 있는 모양이다. 스스로 '나는 남 앞에서 말주변이 없다'고 생각하는 사람은 많다. 하지만 다른 사람이 정말로 발언이 서투르다고 생각하게끔 하는 사람은 현실적으로 많이 없다. 스스로 부정적인 억측을 한 경우가 태반이다. 실제로는 그렇게 서투르지 않으며, 남들도 이상하게 보지 않으니 괜찮다고 생각하자.

🌡 **KEY Point** ────────────────────

못한다고 생각하지 말고, 잘하고 있다고 생각하자.

신경 끄기 연습

03
내 생각을 들킬까 봐
걱정할 필요가 없는 이유

 # 투명성 환상

"내가 긴장한 건 아무도 몰라."
"내 말이 허풍이란 걸 누가 알겠어?"

사람의 마음은 당연히 눈에 보이지 않는다. 그래서 우리가 얼마나 불안해하고 동요하는지 상대방은 어차피 모른다. 결국 아무리 불안하게 느껴도 괜찮다고 할 수 있다.

우리는 자신의 마음을 상대방이 꿰뚫어 보고 있지 않은지 때때로 불안을 느낀다. 이런 억측을 투명성 환상illusion of transparency(투명성 착각)이라고 한다. 자신의 마음이 유리로 된 것처럼 투명해서 상대방에게 다 보이고 들린다고 생각하는 것이다.

물론 그런 일은 없다. 당신의 마음은 상대방이 꿰뚫어 보지 못하므로 전혀 걱정할 필요가 없다.

부담감은
환상에서 온다

미국 매사추세츠주에 있는 윌리엄스 칼리지의 케네스 사비츠키Kenneth Savitsuky는 투명성 환상이라는 심리적 현상이 있다고 사람들에게 설명해 주면 더 이상 불안해하지 않는 것을 확인했다.

그는 연설하기 전 "당신이 아무리 긴장해도 청중에게는 절대로 들키지 않는다. 긴장한 것을 아는 사람은 자신뿐이다. 상대방이 꿰뚫어 본다고 생각하는 이유는 투명성 환상이라는 심리 효과가 있기 때문이다"라고 주의 깊게 알려 주었고, 이를 알게 된 사람들에게서 연설에 대한 불안이 사라진다는 것을 검증했다.

나 역시 대학교수로 일하며 내가 강의를 너무 못한다고 생각했다. 10년 넘게 계속 그 생각으로 신경 쓰였는데, 투명성 환상이라는 심리 효과가 있다는 사실을 알고 나자 부담감이 사라졌다. 내가 속으로 아무리 덜덜 떨어도 학생들이 꿰뚫어 볼 리가 없다는 걸 알게 되었기 때문이다.

진실은 생각보다
간파하기 어렵다

어쩌면 '나는 생각이 얼굴에 잘 드러나지 않나?'라고 느껴서 신경 쓰는 사람이 있을지도 모른다. 하지만 그런 걱정도 할 필요가 없다. 사람의 마음을 읽기란 매우 어려우므로 그렇게 쉽게 간파당하지 않는다.

거짓말을 할 때도 마찬가지다. '거짓말이 들통나지 않을까?'라고 느끼는 사람도 있을 텐데 거짓말을 꿰뚫어 보기란 매우 어려워서 보통은 그리 쉽게 들키지 않는다.

심리학 연구에서도 거짓말을 정확하게 간파할 확률은 50퍼센트 내외라고 밝혀졌다. 50퍼센트라는 것은 거짓말을 하는지 안 하는지 아무렇게나 찍어서 우연히 맞추는 것과 똑같은 확률이다! 그 정도로 거짓말을 간파하기 어려우므로 상대방에게 들키는 경우도 아주 드물다고 볼 수 있다.

 KEY Point ─────────────────────

사람의 마음은 눈에 보이지 않는다는 걸 기억하자.

04
걱정하는 대신
당당하게 행동하면 된다

 # 떳떳함의 효과

"속으로 하는 생각을 남들이 알 리가 없잖아."
"들킬 거라고 미리 걱정하지 말아야지."

일을 하다 보면 어떻게든 거짓말을 해야 하는 상황이 생긴다. 영업이나 판매를 하는 사람이라면 고객에게 하기 어려운 말을 몰래 숨기는 경우가 있지 않은가? 어떤 일을 할 때 상사에게 보고하지 않거나 거짓말을 하는 경우도 얼마든지 있을 것이다.

그럴 때는 누구나 '상대방에게 거짓말이나 진심이 들키지 않을까?'라고 신경 쓰게 된다. 그러나 너무 걱정하지 말고 당당한 모습을 보이자.

현실은
의외성이 많다

캐나다에 있는 매니토바대학교의 재키 팔라우는 실험 참가자끼리 짝을 지어 협상을 시켜 본 적이 있다. 단, 협상에 앞서 참가자에게는 다섯 가지 목표 중 어느 한 가지를 부여했다.

그 목표는 다음과 같다.

① 자신의 생각을 절대로 굽히지 않는다.
② 상대방을 만족시킨다.
③ 서로 양보하는 횟수가 똑같아지게 한다.
④ 가장 좋은 해결책을 찾는다.
⑤ 상대방에게 호감을 얻는 것만 생각한다.

협상이 끝나고 "상대방의 목표는 이 다섯 가지 중 어떤 것이었다고 생각하는가?"라고 물었다. 실험 결과, 참가자의 약 26퍼센트만 상대방의 목표를 맞추었다.

선택지가 다섯 가지이므로 아무렇게나 찍어도 20퍼센트는 정답이 된다. 그러므로 26퍼센트라는 결과는 아무 답이나 찍은 것과 별 다를 게 없다.

이 실험이 재미있는 점은 여기에서 "본인의 목표가 무엇이었는지 상대방에게 얼마나 들켰을 것 같은가?"라고 물었더니 무려 60퍼센트나 "아마 뻔히 다 알았을 것이다"라고 대답한 점이다.

즉, 자신이 어떤 일을 목표로 하는지 상대방에게 들켰다고 짐작하는 데 반해 현실적으로는 들키지 않을 확률이 더 높다는 것을 이 실험을 통해서 알 수 있다.

미리
걱정할 필요가 없다

예를 들어 '반드시 계약을 따 내겠다!'고 단단히 마음을 먹더라도, 고객에게 들킬 걱정을 할 필요가 없다. 내가 그렇게 생각한다는 것을 고객에게 들킬 리가 없기 때문이다.

혹은 이성을 식사에 초대할 때 '속셈을 꿰뚫어 보지 않을까?'라고 불안감을 느껴서 주저하는 사람이 있을 수 있다. 하지만 그 또한 지나친 걱정이라고 할 수 있다.

너무 쓸데없이 걱정하지 말고 마음 편히 초대해 보기 바란다. 의외로 쉽게 승낙할지 모른다.

🌡 KEY Point ────────────────────────────

지금 하는 그 걱정은 대부분 쓸데없다.

05
무표정보다
차라리 이것이 낫다

웃음의 효과

"웃는 얼굴에 침 못 뱉는다는데…"
"어색해도 웃는 게 나을 거야."

웃는 얼굴은 인간관계에서 매우 중요하다. 일단 웃으면 사소한 것에 상관없이 대부분의 인간관계를 순조롭게 유지할 수 있다. '아무리 그래도 나는 잘 웃지 못한다', '가식적으로 웃는 게 어렵다'라고 생각하는 사람이 있을 것이다.

그러나 확실히 말해 두겠다.

웃는 얼굴은 남들에게 보여 준다는 자체가 중요하며, 잘하든 못하든 상관없다!

아무리 웃는 게 어렵다고 해도 무표정하거나 언짢은 얼굴에 비하면 억지웃음이 무조건 더 좋은 인상을 준다. 진짜 웃음이든 가식적인 웃음이든 전혀 상관없이 말이다.

그러니 스스로 잘 웃지 못한다고 깨달아도 너무 신경 쓰지 말자. 조금 어색한 웃음이라도 보여 주는 편이 낫다고 명쾌하게 생각하면서 열심히 노력해 보자.

웃는 얼굴을 보여 준다는 사실이 가장 중요하다

영국 애버딘대학교의 린든 마일스Lynden Miles는 남녀 모델 각각 3명의 사진을 준비했다. 자연스러운 웃음(①), 억지웃음(②), 무표정한 얼굴(③)의 사진이었는데, 그 사진을 실험에 참가한 대학생 40명에게 보여 주고 얼마나 호감을 느끼는지 조사해 보았다.

그 결과는 당연하다고 해야 할까? 가장 호감을 얻은 사진은 ①의 자연스러운 웃음이었다.

그런데 의외인 점은 억지웃음을 지은 사진도 결코 반응이 나쁘지 않았다는 점이다. 무표정한 얼굴의 사진과 비교하면 억지웃음을 지은 사진이 10배나 좋은 평가를 받았다.

다시 말하면 억지웃음이라도 계속 웃어야 유리하다는 뜻
이다.

웃음은
연습으로 나아질 수 있다

'그래도 난 정말로 잘 웃지 못하는데……'라고 하는 사람도
있을 것이다.

하지만 처음부터 특출나게 매력적으로 웃어 보일 수 있는
사람은 이 세상에 없다. 누구나 연습을 반복하면서 조금씩
발전해 나가는 것이다.

아무리 웃는 게 어색해도 날마다 연습하면 머지않아 능숙
해진다. 다른 사람이 말을 걸거나 눈이 마주치면 자동으로
미소를 띨 정도로 연습해 보기 바란다. 이 행동에 유의하는
것만으로도 대부분의 인간관계가 원활해질 것이다.

🌡 **KEY Point** ────────────────────

무표정을 지을 바에는 차라리 억지로 웃어라.

06
얼굴이 빨개져도
부끄러울 필요가 없는 이유

 # 부끄럼의 법칙

"이미 빨개진 얼굴을 어떻게 하겠어."
"차라리 다른 장점을 더 어필해 보자."

사람을 만날 때 자주 얼굴이 빨개져서 민망해 하는 사람이 있다. 하지만 이는 부끄러워만 할 일이 아니다. 오히려 그래서 호감을 얻기 쉽다고 발상을 전환해 보면 좋겠다.

얼굴이 빨개지거나 부끄러워하는 행동은 나쁜 평가를 받기는커녕 오히려 좋은 평가를 받는 경우가 훨씬 많다.

거짓말 같은가? 절대 아니다. 미국 캘리포니아대학교 버클리 캠퍼스의 대처 켈트너 Dacher Keltner 는 '왜 부끄럼을 잘 타는 사람이 호감을 얻을까?'라는 의문에 대해 조사했다.

그의 조사에 따르면 부끄럼을 잘 타는 사람은 상대방의 긴장을 풀 수 있기 때문이라고 한다.

빨개진 얼굴이
상대방의 긴장을 푼다

우리는 낯선 사람을 만나면 경계한다. 이 사람이 나에게 해를 입힐 사람인지, 혹은 위험한 사람은 아닌지 알 수 없기 때문이다. 하지만 얼굴이 빨개지거나, 부끄러워하거나, 머뭇머뭇거리면 '아, 이 사람이라면 나에게 해를 입힐 일이 없겠구나' 하면서 안심하고 경계심을 푼다.

상대방이 쓸데없이 긴장하지 않고 마음 편히 있을 수 있으므로 부끄럼을 잘 타는 사람들이 좋은 평가를 받는 것이다.

내성적이거나 부끄럼을 잘 타는 사람을 보면 겁 많은 작은 동물 같다. 그런 사람을 보면 '어쩐지 귀엽다'고 느껴질 때가 있고, 실제로도 미움을 살 만한 일은 절대 하지 않기 때문에 오히려 좋다.

어떤가? 이런 식으로 생각하면 남 앞에서 수시로 얼굴이 빨개지는 것도 그리 나쁘지 않다고 느낄 수 있지 않을까?

알고 보면 단점이 아니라
장점일 수도 있다

내성적인 사람일수록 '얼굴이 잘 빨개지는 걸 어떻게든 고치고 싶다', '좀 더 자신감을 갖고 당당하고 싶다'라는 마음이 들 것이다.

하지만 당당한 사람이 되면 오히려 지금처럼 호감을 얻는 일이 사라질지도 모른다. 결국 자신의 장점을 잃는 일이 될 수 있다.

사람에게는 억지를 부리며 생떼를 쓰는 면이 있다. 알고 보면 자신에게도 엄청난 장점이 있는데 남의 떡이 더 커 보인다고 생각하는 것이다. 부디 '없는 것'이 아니라 '있는 것'에 주목하도록 하자.

얼굴이 빨개지는 것은 조금도 신경 쓸 필요가 없다. 이를 훌륭한 어필 포인트라고 생각하면서 좀 더 자신감을 가져도 된다.

🌡 **KEY Point** ───────────────────────

단점을 없애는 것보다, 장점을 살리는 데 주목하자.

07
왜 말을 잘하는데도
평판이 나빠질까?

 # 자기주장의 법칙

"하고 싶은 말 다 하면 적이 생길 수도 있지."
"말 못하는 것도 장점이 될 때가 있지 않을까?"

종종 자신이 하고 싶은 말을 다른 사람에게 잘 전달하지 못하는 사람이 있다. 상대방의 마음을 생각하느라 싫은 말을 하지 못하는 것이다. '이런 점을 지적하면 상처 받지 않을까?'라고 생각하기 때문에 도저히 자기주장을 할 수 없다.

하지만 자기주장을 잘하는 것이 과연 정말로 좋은 행동일까? 나는 전혀 그렇게 생각하지 않는다.
"하고 싶은 말을 하지 못하는 사람은 형편없다!"라고 말하는 사람도 있다. 하지만 원래 성격적으로 속이 깊은 사람이 강하게 자기주장을 할 수 있을 리가 없다. 나는 자기주장을 못해도 별로 상관없다고 생각한다.

한때 여러 기업에서 '자기주장 훈련'이나 '자기표현 훈련assertive training' 같은 사원 연수를 활발하게 실시한 적이 있었다. 그런데 최근에는 줄어들고 있다.

기업 측에서도 이런 훈련을 시킨 사원은 자신에게 유리한 것만 주장하고 상사나 선배가 엄청 일 시키기 불편한 사람이 되고 만다는 것을 깨달았기 때문이 아닐까?

말을 잘한다고
호감을 얻는 것은 아니다

미국 오하이오주에 있는 켄트주립대학교의 해롤드 슈로더Harold Schroeder는 자기주장을 하는 남성과 자기주장을 하는 여성에 관한 시나리오(이름만 남성이나 여성 이름으로 하고 다른 부분은 전부 동일했다)를 만들어서 이를 남녀 각 40명에게 읽게 한 뒤 소감을 물어보았다.

해롤드 슈로더는 원래 자기주장을 하는 남성은 사내다워

서 호감이 가고 좋은 평가를 받지만, 자기주장을 하는 여성은 여성의 이미지와 어울리지 않아서 나쁜 평가를 받을 것이라고 생각했다.

하지만 예상과 달리 자기주장을 하는 남성도 나쁜 평가를 받았다. 즉, 자기주장을 잘할수록 남성이든 여성이든 미움을 받을 확률이 커진다는 것이다.

장점처럼 보이는 면도 때로는 단점이 된다

"하고 싶은 말을 할 수 있는 사람은 멋져!"라고 느끼는 사람도 있을 것이다. 어쩌면 하고 싶은 말을 잘할 수 있는 사람을 부러워하는지도 모른다.

하지만 이는 착각이다. 실제로는 부러워 할 일이 아니라 오히려 자신의 평판을 나쁘게 하는 행위일 수도 있다는 점을 미리 한 번 정도는 생각해야 한다.

🌡 **KEY Point** ────────────────────

하고 싶은 말을 잘해도 반드시 좋은 결과가 오지는 않는다.

08
평범한 의견이
칭찬받는 이유

무난함의 효과

"너무 튀는 것도 꼭 좋은 것만은 아냐."
"평범한 의견이 더 공감을 끌어낼 수 있을 거야."

보통 비즈니스 서적이나 비즈니스 잡지에서는 무턱대고 창의적인 사람을 치켜세우는 듯하다.

남들과는 뭔가 다른 일이나 새로운 일을 하려고 하는 사람을 지나칠 정도로 대우해 주는 것이다. 하지만 책이나 잡지에 쓰여 있는 내용을 흉내 내지 않아도 상관없다.

이런 평가를 곧이곧대로 받아들여서 나도 창의적인 사람이 되어야겠다고 생각하면 착각이다.

현실에서 창의적인 인간이라는 존재는 사회나 조직에서 이단아나 아웃사이더로 주위 사람들에게 미움을 받는다.

발명가든 예술가든 어떤 분야에서나 대체로 새로운 일을 하는 사람은 보수파에게 괴롭힘을 당한다. 그런 반대를 무릅쓰고 자신이 하고 싶은 일을 추진할 만한 용기가 있으면 좋겠지만, 평범한 인간은 도저히 흉내 낼 수 없다.

회의에서도 마찬가지다. 사장이나 중역이 "창의적인 아이디어를 내라!"며 독려하는 경우가 있을 것이다. 이럴 때도 창의적인 아이디어를 내려고 쥐어짜지 않아도 상관없다. 속으로는 그런 아이디어를 받아들이고 싶지 않다고 생각할 테니까 말이다.

평범한 아이디어가 칭찬받는다

미국 샌디에이고대학교의 제니퍼 뮬러Jennifer Mueller는 이를 실험으로 확인했다.

그녀는 몇 명씩 그룹을 만들어서 '항공회사가 이익을 더 내려면 어떻게 해야 할까?'라는 주제로 토론을 시켰다.

토론하기에 앞서 절반의 참가자에게는 최대한 창의적인 의견을 내라고 부탁하고, 나머지 참가자에게는 별로 기발하지 않은 아이디어를 내라고 부탁했다.

창의적인 의견을 내라는 요구를 받은 참가자는 "승객끼리 도박을 할 수 있게 하면 어떨까?" 등의 아이디어를 적극적으로 발언했다. 별로 기발하지 않은 아이디어를 내라는 지시를 받은 참가자는 "기내식을 유료로 하자"는 등의 무난한 아이디어를 냈다.

토론이 끝난 후 각 멤버에 관한 평가를 요청했다. 그런데 창의적인 의견을 적극적으로 낸 사람일수록 나쁜 평가를 받았다. 아마 '웃기는 놈이네'라고 느끼지 않았을까?

더불어 창의적인 의견을 낸 사람은 리더십의 자질이 현저히 결여되었다는 평가를 받았다는 사실도 알게 되었다.

너무 창의적이면
가끔 미움을 받는다

'나는 상식적인 것만 생각해 낼 수 있다', '무난한 의견만 말할 수 있다'라면서 자신의 이런 점을 신경 쓰는 사람이 있을 수 있다.

하지만 무난해도 괜찮다. 억지로 창의적인 사람이 될 필요
는 없다. 일부러 미움을 받을 이유가 없지 않겠는가?

🌡️ **KEY Point** ─────────────────────────────────

무난함이 반드시 단점이 되지는 않는다.

09

반드시 깊은 관계가
되어야만 하는 건 아니다

 # 교제의 법칙

"어떻게 모든 사람이랑 다 깊게 사귀겠어."
"가벼운 인사 정도만 많이 하고 다녀도 행복해져."

"표면적인 인간관계는 안 된다!"
"인간관계에는 밀도와 깊이가 중요하다!"

이런 말들을 들어 본 적이 있는가? 만약 이렇게 생각한다
면 나는 틀렸다고 말하고 싶다. 인간관계는 허울뿐인 교제라
도 충분하다.

물론 두터운 인간관계를 부정하는 것은 아니다. 친밀하게
교제할 수 있다면 그렇게 하기를 바란다. 하지만 현실적인

문제로, 직장의 동료들이나 이웃 사람들과 그렇게까지 친밀하게 어울릴 수는 없다.

남들과 어울리기 위해 필요한 노력이나 비용을 생각하면 허울뿐인 교제가 더 나을 때도 있다. 따라서 표면적으로만 어울린다고 해도 그다지 신경 쓰지 않아도 된다. 그럴 수도 있다고 생각하자.

허울뿐인 관계라도 행복감은 높아진다

그렇다면 허울뿐인 교제로는 만족을 얻지 못할까? 그런 일은 없다. 영국 에식스대학교의 질리언 샌드스트롬Gillian M. Sandstrom은 200명이 넘는 대학생에게 강의 전과 후에 같은 수업을 듣는 학생들끼리 얼마나 대화하는지 기록해 놓으라고 지시했다. 아무리 짧은 인사라도 대화한 것으로 기록하게 했고, 얼마나 행복을 느끼는가에 관해서도 기록하게 했다.

그 결과, 강의 전과 후에 같은 수업을 듣는 학생들끼리 잠깐 수다를 떠는 것만으로도 그날의 행복감이 높아진다는 사실을 알 수 있었다. 친하게 어울리는, 즉 강한 유대가 형성되어 있지 않은 허울뿐인 교제라도 우리의 행복감이 확실히 높아진다는 사실이다.

그러므로 친하게 지내는 친구가 없다고 해서 한탄할 필요는 없다. 허울뿐인 교제라도 나름대로 행복을 느낄 것이기 때문이다.

표면적인 행동만으로도 충분하다

이렇게 표면적인 인간관계로도 충분하다고 단정하면 마음이 편해진다. 아는 사람을 만나면 "안녕하세요"라고 인사만 해도 된다. 그 이상 대화를 하지 않고 지나가도 상관없다.

오래 이야기할 필요도 없고 상대방의 상담을 들어 줄 필요도 없다. 가끔 잡담을 해도 상관없지만 하고 싶지 않으면 안 해도 그만이다.

'뭐? 그렇게만 해도 되는 거였구나!'라고 생각하면 인간관계의 고통도 덜어질 것이다.

 KEY Point ─────────────────────────

모든 사람과 깊은 관계일 필요는 없다.

10
모르는 사람과 대화해도
행복해지는 법

인간관계 법칙

"모르는 사람이랑 가볍게 대화해 보는 것도 좋을 듯~"
"산책하는 강아지와 주인에게 인사만 했는데도 기분 좋아졌어!"

우리는 인간관계를 생각보다 복잡하게 바라보는지도 모른다. 지나치게 조심하는 탓에 오히려 지치는 것이 아닐까?

흔히 인싸라고 하면 친구가 100명 정도는 있을 거라고 생각한다. 또한, 수많은 친구를 만들 수 있는 사람이 행복해질 수 있으며, 친구들이 없는 사람은 고독하고 비참한 인생을 보낼 것이라고 믿는다. 물론 이 생각은 틀렸다.

앞에서 인간관계는 허울뿐이고 얄팍해도 괜찮다고 말했

신경 끄기 연습

다. 친구가 없는 걸 고민한다고 해서 억지로 만들지 않아도 된다는 말이다.

친구는 만들지 않아도 상관없으니 주변에 있는 전혀 모르는 사람에게 말을 걸어 보자. 그렇게 하기만 해도 친구에게서 얻을 수 있는 것과 비슷한 정도의 기쁨과 흥분, 행복 등을 느낄 수 있다. 좀 더 자세히 설명하겠다.

행복감과 친구의 수는 관계가 없다

미국 시카고대학교의 니콜라스 이플리Nicholas Epley는 일리노이주의 홈우드역을 이용하는 승객 97명에게 실험에 참여하도록 부탁했다. 그는 출퇴근 시에 용기를 내어 근처에 있는 모르는 사람과 대화를 나누어 보라고 부탁했다(갑자기 부탁받은 상대방도 깜짝 놀라지 않았을까?).

목적지에 도착한 후 참가자들에게 이것저것 물어보자, 모르는 사람에게 말을 걸어도 평균 14.2분으로 생각보다 오래 이야기할 수 있었고 매우 즐겁게 대화했다고 답했다. 심지어 "행복해서 기분이 좋았다"고 대답한 사람도 있었다. 아주 잠깐이라도, 설령 모르는 사람이라도 대화하다 보면 의외로 행복해질 수 있다. 친구를 만들지 않아도 괜찮다고 조언하는 이유는 이런 연구가 참고할 만하다고 생각하기 때문이다.

모르는 사람과도
가볍게 소통해 보자

강아지를 산책시키는 사람을 보면 "귀여운 강아지네요. 이름이 뭐예요?"라고 말을 걸 때가 있다. 주인이 이름을 알려주면 "ㅇㅇ야, 또 보자~"라고 손을 흔들며 지나가기만 해도 매우 행복해진다. 딱히 깊게 알고 지내지 않아도 상관없다.

마트나 백화점에서 장을 볼 때도 계산원에게 "여기 반찬이 정말로 맛있더라고요"라며 한마디를 건네 보자. 갑자기 말을 걸어서 깜짝 놀라는 점원도 있을 수 있는데, 대부분은 웃으며 "고맙습니다"라고 대답할 것이다.

친구가 별로 없다면 모르는 사람과 가끔 이야기하는 걸로도 충분하다. 꼭 친구를 만든다고 의식하기보다는 가벼운 소통을 한다고 의식하면서 꼭 한번 도전해 보기 바란다. 분명히 평소와 다른 기분을 느낄 수 있다.

🌡 **KEY Point** ─────────────────────

행복이 반드시 깊은 관계에 있지는 않다.

신경 끄기 연습

11
인기 있는 사람을
부러워하지 않아도 되는 이유

 # 인기인의 법칙

"연예인들 봐. 인기 많은 게 좋은 점만 있진 않아."
"일부러 무리해서 인기 있는 사람이 될 필요 없지."

인기가 있다는 것은 물론 멋진 일이다. 하지만 인기 있는 사람에게도 나름대로 문제가 있다는 걸 알고 있는가?

대부분의 사람은 '여러 사람과 어울릴 수 있어서 좋겠다'라고 생각할 수 있다. 하지만 너무 많은 사람들과 어울리다 보면 정신적으로 엄청 피곤하다. 인기 있는 사람은 그 사람 나름대로 고달픈 것이다.

인기 있는 사람은
'중노동'에 시달린다

미국 플로리다대학교의 제니퍼 하월Jennifer L. Howell은 섬머 스쿨 프로그램이라고 하는 65개 대학교에서 참가한 학생들에 관한 조사를 진행했다.

이 프로그램에서는 모르는 사람들과 대화하는 동안 네트워크가 어떻게 형성되는지 조사했다. 그러자 네트워크의 중심에 있는 학생, 즉 인기 있는 학생일수록 주관적으로는 행복해질 수 있다는 사실을 알았다. 그렇다. 여기까지는 '생각했던 대로'의 결과다.

그런데 제니퍼 하월이 좀 더 조사해 보니 그런 사람은 감기에 잘 걸리고, 정신적으로 피곤하거나, 주량이 늘어난다는 사실을 알았다. 절대로 좋은 일만 있는 것은 아니라는 사실이 밝혀진 것이다.

생각해 보면 연예인도 그럴 것이다. 언뜻 보면 팬들이나 주위의 스태프가 귀하게 모시는 게 매우 부럽게 느껴질 테지만, 그런 일이 끊임없이 이어지면 아주 넌더리가 날 것이다.

여하튼 모든 사람에게 좋은 표정을 계속 보여 주는 일은 꽤 중노동이다.

인기에
집착할 필요는 없다

인기 있는 사람은 그 나름대로 정신적으로나 신체적으로 건강을 해친다는 점을 미리 알아 두면 좋다. 이런 지식이 있으면 '그렇게까지 해서 인기 있는 사람을 꿈꿀 필요도 없다'고 냉정하게 판단할 수 있다.

또한 일단 인기 있는 사람이 되고 나면 다음에는 인기를 잃는 것을 지나치게 두려워하게 된다. 인기를 잃고 싶지 않아서 남들이 부탁하면 거절하지 못하고 마지못해 받아들이는 일도 생긴다.

운 좋게 인기 있는 사람이 된다면 그것대로 좋다. 하지만 일부러 무리를 해서라도 인기 있는 사람이 될 필요는 없다. 당연히 인기 있는 사람을 부러워할 필요도 없고 질투심을 느끼지도 말자.

남의 평가는 신경 쓰지 말고 날마다 꾸준히 자신만의 방식대로 지내는 것이 가장 좋다.

KEY Point ─────────────────────────

인싸가 되는 것보다 나답게 사는 게 더 중요하다.

신경 써야 할 일은
수두룩하다

　이 책은 신경 쓰지 않는 습관을 터득하는 것을 목적으로 하지만, 그렇다고 '신경을 너무 쓰나?' 하고 생각하는 게 무조건 나쁘다는 건 아니다.

　지나치게 신경 쓰는 사람은 바꾸어 말하자면 매우 세심하고 신중하며 위험을 미연에 피할 수 있는 사람이기도 하기 때문이다.

　예를 들어 회사의 회식 자리에서 높은 사람이 "오늘은 상사라고 생각하지 말고 마음껏 마셔!"라고 해도 과연 정말로 편하게 마실 수 있을까?

　보통은 '아니, 잠깐만. 지나친 생각일지 모르겠지

만 역시 절제하는 게 좋을 것 같아'라고 생각하는 사람이 큰 실수 없이 지나간다. 상사라고 생각하지 말라고 했다고 자신이 하고 싶은 말을 다 내뱉고 마음대로 행동하면 다음날 분명히 후회하게 된다.

세상에는 신경 쓰지 않아도 된다고 할 때라도 오히려 신경 쓰는 편이 좋은 경우가 허다하다. 표면상의 이유랄까, 겉으로 드러내는 생각과 속마음이 어긋나는 경우가 흔하기 때문이다.

캐나다 토론토대학교의 소니카 강Sonica Kang 이 재미있는 연구를 소개했다.

미국이나 캐나다에서는 차별을 받지 않게 자신의 출신과 민족, 성별 등을 숨기고 이력서를 제출하는 행동을 이력서 백지화라고 부른다. 하지만 이력서를 제출하려고 하는 기업이 자신들의 회사는 다양성에 가치를 두므로 다양한 사람들을 모집한다고 공표하면 별로 백지화하지 않고 이력서를 낸다고 한다.

그런데 소니카 강이 자세히 조사해 봤더니 다양성 대환영이라고 공표하는 기업도 환영하기는커녕 차별한다는 사실을 알았다. 다양성 대환영이라는 말은 어디까지나 표면상의 표현일 뿐이라서, 차별을 받고 싶지 않으면 이력서를 백지화하는 편이 낫다는 뜻이다.

또한 누군가에게 민폐를 끼쳤을 때 그 사람이 "신경 쓰지 않아도 돼"라고 했더라도 나중에 소소한 답례품을 들고 가는 등의 배려를 해야 훗날 성가신 일을 피할 수 있다.

이 책에서는 물론 신경 쓰지 않아도 된다는 것을 중심으로 설명한다. 하지만 그렇다고 해서 세상의 모든 일을 아예 염려하지 않아도 된다는 말은 아니므로 그 차이에 주의하기 바란다.

2장

"
어떻게 해야
눈치 보지
않을까?
"

신경 끄기 연습 2:
생각 전환하기

☐ 처음부터 잘하려고 아등바등한다.

☐ 조금만 긴장해도 패닉에 빠진다.

☐ 내가 만나는 사람마다 날 배신하는 것 같다.

☐ 왜 내 주변인은 자신만 생각하고 행동하는지 모르겠다.

☐ 나는 수시로 큰 인물이 되어야 한다고 생각한다.

☐ 아무리 노력해도 좋아지지 않는 사람이 있다.

☐ 힘든 일이 있을 때마다 혼자 이겨 내려 애쓰다가 지친다.

☐ 과거의 안 좋았던 기억이 내 남은 인생을 망치는 것 같다.

**해당하는 항목이 있다면
생각을 전환하는 방법을 연습해야 한다.**

12

스스로에게 가장 쉬운 과제를
주어야 하는 이유

 # 누적의 법칙

"이번 주에는 사람이 많은 곳에서 걸어 봐야지."
"난 거울 속 나랑 눈 맞추는 것부터 시작할래."

마음의 병은 상담사나 테라피스트에게 상담해야만 치유할
수 있는 건 아니다. 물론 증상이 매우 심하면 즉시 상담사에
게 가야겠지만, 마음먹기에 따라 스스로 고칠 수도 있는 병
이라는 점은 알아 두면 좋다.

미국 아메리칸대학교의 루스 에델만Ruth E. Edelman은 대인
공포증으로 진단받은 대학생 52명(남성 23명, 여성 29명)에게
매주 과제를 주고 증상을 개선할 수 있는지 검증했다. 과제

라고 해도 어려운 일을 시키지 않았다. "이번 주에는 사람이 많은 곳에서 걸어 보자", "이번 주는 지나가는 사람 다섯 명에게 'Hello'라고 말을 걸어 보자" 정도였다.

6개월 후 루스 에델만은 이 사람들을 모아 다른 사람 앞에서 연설을 시켰다. 평범한 사람이라도 남 앞에서 연설하면 불안해진다. 하지만 6개월 동안 과제를 제대로 한 사람일수록 불안을 느끼지 않게 된 것을 확인하게 되었다.

매주 사소한 과제를 만들고, 그 과제를 확실히 하기 위해 노력하면 스스로 증상을 개선할 수도 있다는 뜻이다.

벽을 극한까지 낮추는 것이 중요하다

자신에게 부여하는 과제는 이보다 더 쉬울 수 없다고 할 정도로 수준이 낮은 과제부터 시작하는 게 중요하다. 느닷없이 수준을 높이 설정하면 안 된다. 이런 걸로도 괜찮나 싶고 맥이 빠질 정도로 쉬운 과제를 만들자.

먼저 과제 10~20개 정도를 정해서 난이도에 따라 수준을 나눈다. 과제가 10개라면 1단계부터 10단계까지 배열한다. 그리고 가장 쉽게 할 수 있다고 생각한 1단계부터 시작한다.

예를 들어 대인관계에서 불안을 심하게 느끼는 사람에게 남의 눈을 보고 말한다는 과제는 벽이 너무 높다. 처음에는 거울로 자신의 눈을 본다는 정도면 좋지 않을까?

성공의 비결은 아주 작은 곳에 있다

다이어트도 그렇지만, 자신의 행동이나 생각을 바꾸려면 6 개월에서 1년 정도 걸려도 된다고 생각하며 느긋하게 임해야 한다. 이것이 바로 성공의 비결이다.

누구나 갑자기 어려운 일을 하려고 하면 대개 좌절한다. 먼저 아주 쉬운 일부터 천천히 시작해 보도록 하자.

 KEY Point ————————————————

사소함의 힘을 얕보지 말자.

13
긴장이 심할 때
가장 효과적인 방법

타이르기 효과

"긴장된다고 생각하지 말고 설렌다고 생각해 보자."
"생각을 바꾸면 긴장을 풀기 더 좋을듯!"

사람들은 대체로 긴장하면 "진정해"라고 자신을 타이르는 작전을 쓴다. 마음이 동요하기 때문에 원래 상태로 되돌리려는 것이다.

그러나 심리학 연구에 따르면 이 진정해 작전은 별로 효과가 없다는 사실이 밝혀졌다. 진정하라는 말로 자신을 타이르려고 해도 진정할 수 없을 뿐만 아니라, 때로는 오히려 긴장감이 더 높아지고 만다.

그럼 어떻게 해야 할까?

몸속의 혈액순환이 빨라지고 심박 수가 올라가면서 심장이 두근거리면 "좋아. 설레기 시작했어!"라며 자신을 타이르는 게 정답이다. 이렇게 하면 긴장을 의욕으로 바꿀 수 있다.

설렌다는 말에
마법 같은 효과가 숨어 있다

미국 하버드 경영대학원의 앨리슨 브룩스Alison W. Brooks는 대학생 113명에게 채점 기능이 있는 노래방에서 노래를 시켰다. 남 앞에서 노래하기를 좋아하는 사람도 있겠지만, 대개는 모르는 사람 앞에서 노래하는 행동을 부끄럽게 느끼며 심하게 긴장한다. 게다가 점수까지 매겨진다면 더더욱 그렇게 느낀다.

이때 앨리슨 브룩스는 조건 세 가지를 설정했다. 첫 번째 그룹은 노래하기 전에 자신에게 "진정해"라고 타이르는 조건이고, 두 번째 그룹은 "왠지 설레는데!"라고 타이르는 조건이다. 세 번째 그룹은 비교를 위한 조건이라서 자신에게 말을 거는 행동을 하지 말라고 부탁했다.

그럼 이 실험의 결과는 어떻게 되었을까? 다음의 그래프를 보기 바란다.

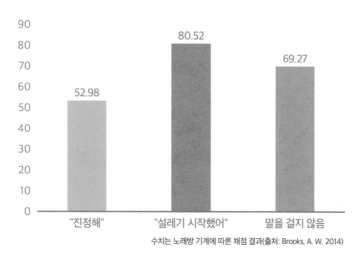

긴장하면 "설레기 시작했어"라고 타이른다

수치는 노래방 기계에 따른 채점 결과(출처: Brooks, A. W. 2014)

진정하라는 말로 자신을 타이르려고 하면 오히려 긴장해서 노래를 잘 부르지 못한다는 사실을 알 수 있다.

스스로 마음을 타이르는 방법을 써 보자

가장 좋은 방법은 긴장을 의욕으로 바꾸는 것이다. 즉, '가슴이 콩닥거리는 이유는 설레기 때문이야'라고 자신을 타이르는 작전이다. 이렇게 하면 행동 결과가 나쁘지 않을 뿐만 아니라 오히려 향상된다.

앞으로 긴장할 때마다 "진정해"가 아니라 "왠지 설레기 시

신경 끄기 연습

작했어!"로 바꾸어 보기를 바란다. 아마 그다지 긴장하지 않

게 바뀔 것이다.

14
처음부터
기대하지 마라

 # 기대의 법칙

"세상에 좋은 사람만 있는 건 아니지."
"난 미리 기대하지 않는 연습을 해 보려고."

솔직하게 말하자면 세상에 좋은 사람만 있는 건 아니라고 비뚤어지게 생각해야 인간관계에서 고통을 느끼지 않는다. 기대를 배신할 일이 없기 때문이다.

이렇게 생각하며 살다 보면 성격이 몹시 나쁜 사람을 만나더라도 '거봐, 역시 그렇잖아'라고 가볍게 받아들일 수 있게 된다.

기분 나쁜 일이라도 미리 예상한다면 어떻게든 참을 수 있다. 마음의 준비를 해 놓으면 그렇게까지 스트레스도 느끼지 않는다. 기대했던 상황이 그대로 일어났을 뿐이라며 비교적 가볍게 받아들일 수 있다.

애벌레도 먹을 수 있다?

미국 서던일리노이대학교의 조엘 폭스먼Joel Foxman은 여성 실험 참가자에게 애벌레 세 마리(물론 먹을 수 있는 애벌레다)를 먹는 매우 기분 나쁜 일을 요청했다. 하지만 절반에게는 "앞으로 10분 후"라고 미리 알려서 남은 10분간 각오하게 했다. 나머지 절반에게는 갑자기 먹어 달라고 부탁했다.

막상 먹어야 하는 시간이 되자 "실험 참가자가 충분해서 무게가 다른 봉투를 손에 들고 비교하는 실험에 참가하기만 해도 됩니다"라고 말했다.

일반적으로 생각하면 봉투의 무게를 비교하는 실험이 애벌레를 먹는 것보다 훨씬 낫다.

그런데 10분 전에 애벌레를 먹어야 한다는 사실을 알려서 일종의 각오를 다지게 한 조건에서는 무려 15명 중 12명이 "애벌레를 먹겠습니다"라며 기존의 실험 코스를 선택했다.

갑자기 애벌레를 먹어 달라고 부탁했다가 다른 실험에 참여해도 된다고 전한 그룹에서는 15명 중 2명만 애벌레 먹기를 선택했다(그래도 2명이나 애벌레 먹기를 선택했으니 대단하지 않은가?).

미리 생각해 두자

조금 놀라운 실험이었는데, 이 실험에서도 알 수 있듯이 우리는 기분 나쁜 일이라도 미리 기대(준비)해 놓으면 나름대로 받아들일 수 있는 듯하다.

아침에 집을 나서기 전 '아마 오늘도 기분 나쁜 사람들만 만나겠지?'라고 생각하면 실제로 기분 나쁜 사람을 만나더라도 그다지 놀라지 않고 스트레스도 느끼지 않게 된다.

반대로 말하자면 다른 사람에게 기대를 하기 때문에 자신의 기대가 배신당했을 때 상처를 받는 것이다. 처음부터 기대하지 않으면 기분이 상하는 일을 피할 수 있다.

KEY Point

처음부터 기대하지 않는 것도 한 방법이다.

신경 끄기 연습

15

불쾌한 사람에 대한
대처법

시니컬함의 효과

"처음부터 기대하지 않으면 실망할 일도 없어."
"최악을 생각해 두면 신경 거슬릴 일도 적을 거야."

'내 기분을 왜 모를까?', '이 사람은 왜 자신만 생각하고 행동할까?' 아마 누구나 이런 생각을 해 본 적이 있지 않을까?

놀라운 사실은 해마다 제멋대로 행동하는 사람이 늘어난다는 데이터가 있다는 점이다.

미국 인디애나대학교의 사라 콘라스Sara Konrath는 1979년부터 2009년까지 발표된 조사에서 '배려', '공감성', '상대방의 입장에서 생각한다' 등의 질문을 포함한 조사 연구를 수집해

대표적인 변화를 조사해 보았다.

그 결과 미국인의 배려, 공감성과 같은 특징이 해마다 현저히 감소하는 추세가 밝혀졌다. 요즘의 미국인은 30~40년 전의 미국인과 비교하면 훨씬 제멋대로 행동한다는 뜻이다. 물론 이 연구는 미국에서 시행되었지만 다른 나라에서도 비슷한 경향을 확인할 수 있지 않을까?

배려와 공감이 줄어들고 있다

과거에는 상대방을 배려하거나 상대방의 입장에서 이해하는 행동을 당연시하는 풍조가 있었다. 그런데 현대인은 자신만 생각하고 다른 사람의 기분 따위는 조금도 고려하지 않는 사람이 많이 늘어난 인상이다.

앞에서 이 세상에는 기분 나쁜 사람만 있다고 생각하는 편이 좋다고 조언했는데, 실제로 제멋대로 굴며 안하무인으로 행동하는 사람이 해를 거듭할수록 느는 것이다.

그래서 더더욱 이 세상은 나쁜 사람 천지라고 생각하는 편이 나을 것이다. 그래야 정말 나쁜 사람을 만나더라도 신경에 거슬리지 않는다.

제멋대로 행동하는 사람이
넘쳐 나는 시대

덧붙이자면 나는 다른 사람들에게 기대하지 않는다. 타인에게 좋은 기대를 하면 그대로 이루어지기보다는 기분을 해친다는 사실을 직접 경험하며 이해했기 때문이다.

"내일까지 메일로 연락하겠다"고 말했는데 다음날 메일을 보내지 않는 사람은 얼마든지 있다. 확실하다고 약속해 놓고 일방적으로 약속을 깨는 사람도 흔하다.

아무래도 현대인은 제멋대로 행동하는 사람뿐인 모양이니, 더더욱 남에게 기대하지 않는 편이 좋다고 시니컬하게 생각해 보자.

 KEY Point ─────────────────────

남에 대한 기대는 망쳐질 때가 더 많다는 걸 기억하자.

16

큰 꿈은
절대로 가지면 안 된다

유연하게 사고하기

"꿈이 너무 크면 이루기 어렵잖아."
"작은 꿈을 이루면서 사는 게 더 만족스러울 거야."

윌리엄 클라크William S. Clark 박사의 "소년이여, 야망을 가져라Boys, Be Ambitious"라는 명언이 있다.

그러나 너무 큰 꿈을 품는 것은 잘 생각해 보아야 할 문제다. 큰 꿈은 터무니없이 이루기 어려울 것이다. 그러면 결국 이루지 못하는 경우가 많아지고, 큰 절망감이나 실망감 등을 느끼는 처지에 놓이고 만다.

만약 처음부터 너무 큰 꿈을 가지지 않는다면 적어도 그런 기분까지는 들지 않는다.

　나는 청년이라면 당연히 큰 꿈과 이상을 가져야 한다는 말이 틀렸다고 본다. 물론 큰 꿈을 가지고 싶다면 가져도 상관없다. 하지만 반드시 가져야 한다며 꿈을 강요하는 게 과연 옳을까 싶다.

큰 꿈이
인생의 만족도를 낮춘다

　미국 일리노이대학교의 캐롤 닉커슨Carol Nickerson 은 아메리칸 드림의 어두운 측면에 관한 논문을 썼다. 대학 신입생들을 대상으로 20년 후에 추적 조사를 한 것이다.

　그 결과 대학교에 입학하며 '나는 앞으로 큰 인물이 될 거야!'라고 생각한 신입생일수록 인생 만족도가 낮아졌다는 것이 밝혀졌다. 이런 연구 결과를 보면 반드시 큰 꿈을 가져야 좋은 건 아닐 수도 있다.

하고 싶은 일을
찾지 못해도 상관없다

　청년 세대가 "나는 미래에 그다지 큰 꿈이 없다"고 말하면 부모님은 매우 걱정할 수 있다. 그리고 그런 청년에게 어른

들은 모두 쓸데없이 참견할 것이다.

그러나 이는 그야말로 불필요한 참견이며, 실제로는 엉뚱한 꿈을 가지지 않는 것이 옳다.

하고 싶은 일을 찾지 못하겠다거나 꿈이 없다고 고민하는 사람이 있다. 하지만 그런 일로 고민할 필요는 전혀 없다고 말하고 싶다. 억지로 찾으려고 하지 않아도 누구든 어느 순간에는 하고 싶은 일을 찾을 수 있다.

🌡️ **KEY Point**
───────────────────────────

어떤 상황이든 그건 그것대로 상관없다는 유연한 사고가 필요하다.

17
싫은 사람과
굳이 친해질 필요가 없는 이유

사회적 알레르겐

"인간관계에도 알레르기가 있을 수 있지."
"도저히 안 맞는 사람과 억지로 잘 지낼 필요 없어."

서로 도무지 성격이 맞지 않거나 궁합이 나쁘다는 사람은 누구나 있다. 인간이라면 이런 부분을 스스로 어떻게 조절할 수 없고, 아무리 노력해도 싫어하는 사람이 생기는 것도 피할 수 없다.

하지만 본질적으로 어쩔 수 없는 문제임에도, 선량한 사람일수록 그런 자신을 용서하지 못하는 경향이 있다. 좋아하려고 노력해도 혐오감을 지울 수 없고, 그래서 또다시 마음이 답답해진다. 그러니 그냥 싫은 사람까지 좋아하려고 애쓰지 말자. 어차피 좋아질 수 없을 테니까.

사회적 알레르겐에는
답이 없다

미국 켄터키주 루이빌대학교의 마이클 커닝햄Michael R. Cun-
ningham은 '사회적 알레르겐social allergens'이라는 용어를 만들
었다.

여기서 사회적이라는 말은 교제의 의미이며, 알레르겐은
알레르기를 일으키는 항원이라는 의미다. 즉, 사회적 알레르
겐이란 인간관계 알레르기를 말한다.

마이클 커닝햄의 연구에 따르면 우리는 특정한 인물에게
밀이나 꽃가루 등과 비슷한 알레르기 반응을 보인다.

'쩝쩝거리면서 음식을 먹는 게 싫다', '체취만은 도저히 못
참겠다', '다리를 계속 떠는 사람이 싫다'와 같이 우리는 다른
사람의 행동이나 표정, 버릇 등에 종종 혐오감을 느낀다. 처
음에는 어떻게든 참을 수 있어도 여러 번 자주 반복되면 알
레르기를 가지게 된다.

몸에서 받아들이지 않는 건 어쩔 수 없는 일이다

일단 알레르기 반응이 형성되면 더는 어쩌지 못한다. 밀 알레르기가 있는 사람에게 "밀은 영양이 매우 풍부하니까 반드시 먹어야 해"라는 말은 아무도 하지 않는다. 특정한 음식에 알레르기가 있으면 아무리 좋아하려고 해도 몸이 받아들이지 않는 것을 알기 때문이다.

사회적 알레르겐도 마찬가지다. 싫어하는 사람이 근처에 있기만 해도 과호흡 상태가 나타나 숨을 쉬지 못하거나, 말을 제대로 할 수 없거나, 몸이 떨리는 경우가 있다.

만약에 이렇게 되면 이제는 운명이라고 단정 짓고 최대한 그 사람의 곁에 다가가지 않도록 하는 것이 최선의 방법일 수 있다.

 KEY Point —————————————————————

집착 대신 체념해야 할 때도 있는 법이다.

18

난처한 얼굴을
보여 주어라

솔직한 표정의 효과

"거짓된 표정보다는 솔직한 표정이 더 낫겠지?"
"혼자서 해결할 수 없는 일도 있다는 걸 인정해 보자."

우리 마음속에는 누구나 허세를 부리는 면이 있다. 그래서
속으로는 난처한 주제에 겉으로는 난처하지 않다는 표정을
할 때가 종종 있다. 이런 사람은 아마 "도와줘"라고 솔직하게
말할 수 없을 것이다.

그러나 난처하면 난처한 얼굴을 그대로 보여 주는 게 가장
좋은 방법이다. 시치미 떼는 표정을 지으면 아무도 도와주지
않기 때문이다. 정말로 곤란하다면 "아…." 같은 소리로 탄식
하며 '누가 좀 도와줘'라는 어필을 전면에 내세우는 게 어떨

까. 도와 달라고 직접적으로 말하지 못하고 혼자 마음속으로 끙끙 앓기보다, 빨리 백기를 들고 난처한 표정을 짓자. 그러면 누군가는 즉시 "무슨 일이야?"라며 도움을 주려 한다.

슬퍼 보이는 얼굴에 숨은 비밀

미국 조지타운대학교의 아비가일 마쉬 Abigail Marsh 는 남녀 8명에게 무표정과 슬픔, 공포와 분노의 표정을 짓게 한 뒤 사진을 찍었다. 그 얼굴 사진을 실험 참가자 40명에게 보여주며 "당신은 이 사람을 도와주고 싶은가요?"라고 물어보았다. 총 7점 만점으로 채점하여 다음과 같은 결과를 얻었다.

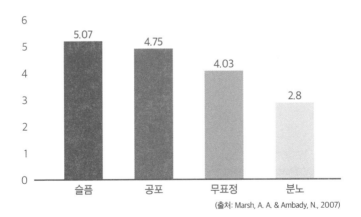

'슬퍼 보이는 얼굴'을 하면 쉽게 도움 받는다

(출처: Marsh, A. A. & Ambady, N., 2007)

당장이라도 울 것 같은 표정을 지으면 도와주고 싶은 마음을 강하게 자극할 수 있다는 사실을 잘 알 수 있는 데이터다.

따라서 곤란할 때는 쓸데없이 센 척하지 말고, 누가 보아도 눈치 챌 수 있도록 솔직한 표정을 짓는 게 좋다.

혼자 힘으로 해결할 수 없을 때도 있음을 인정하자

대부분의 사람들은 난처한 일이 생겨도 보여 주기는커녕 감추려고 한다. 그러면 당연히 도움을 받지 못한다.

만약 술자리에서 귀찮은 상사에게 붙잡혀 난처해지면 정말로 큰일 났다는 얼굴을 하자. 그렇게 하면 누군가 "○○ 씨, 자리 좀 바꾸죠"라며 도와줄지도 모른다.

가능성을 열어 둔다는 마음으로 곤란할 때 숨기지 않는다는 원칙을 세우면 아무리 난처한 일이 생겨도 안심할 수 있을 것이다.

KEY Point ──────────────────────

숨기지 않는 것만으로 난처함을 해결할 수도 있다.

신경 끄기 연습

19
내 물건을 빌려주고도
기분 좋을 수 있는 이유

 # 공유의 법칙

"자, 이 물건은 공용으로 둘게. 다같이 마음껏 써!"
"생각을 조금만 바꾸면 짜증 낼 일도 줄어들 거야."

자신이 소유한 물건을 다른 사람이 쓰는 걸 못 참겠다는 사람이 있다. 남이 자신의 물건을 쓸 때마다 '그건 내 볼펜인데……', '왜 늘 내 가위를 마음대로 쓰는 거야?'라고 생각하며 불만스러워하다 짜증을 내고 만다.

자신의 물건을 남이 멋대로 사용하면 기분 나쁠 수 있다. 하지만 그렇게 사소한 일은 신경 쓰지 말고 오히려 배포가 큰 모습을 보여 주도록 하자.

차라리 처음부터 "자, 여기 있어. 언제든지 마음껏 써"라고 공언해서 모든 사람이 사용하게 하자. 모든 사람과 공유한다는 규칙을 세우면 화도 나지 않는다. 이미 처음부터 모두의 것이라고 단정 짓고 이 물건을 공유하겠다고 말하자. 그래야 정신적인 안정성을 유지하는 데 도움이 된다.

예를 들어 직장에서 간식을 먹을 때도 어차피 모든 사람이 먹고 싶어 할 것이 뻔하므로 처음부터 같이 나눠 먹는다고 결심한다. 먼저 "모두 마음껏 드세요~"라고 말하면 주위 사람들에게 평판도 좋아지고 자신의 기분도 좋아질 것이다.

자발적으로 공유해서 기분을 좋게 한다

캐나다에 있는 사이먼프레이저대학교의 라라 아크닌Lara B. Aknin은 2세 아동 23명을 대상으로 혼자서 장난감을 가지고 놀 때와 다른 아이와 똑같은 장난감을 공유하고 놀 때 아이가 얼마나 즐거운 표정을 짓는지 조사해 보았다.

관찰자 2명에게 부탁해서 아이의 즐거워 보이는 얼굴에 점수를 매기게 했는데, 혼자서 놀 때보다 공유해서 놀 때 훨씬 기분 좋은 듯한 표정을 짓는다는 사실을 밝혀냈다.

이처럼 물건을 공유한다는 것은 서로 기분 좋아질 수 있는 훌륭한 방법이다.

화가 나서 참을 수 없을 때는 생각을 바꾸어 보자

자신의 물건을 남이 사용해 화가 나서 못 참겠다면 생각을 바꾸어 보자. 처음부터 마음속으로 이 물건은 공유하는 것이라고 정하자.

이렇게 하면 마음속도 후련해지고 왠지 모르게 자신이 좋은 일을 하는 것처럼 느껴져서 기분도 좋아진다.

 **KEY Point**

먼저 나서서 공유하면 기분도, 평판도 올라갈 것이다.

20
바꿀 수 없는 과거 대신
다른 걸 바꿔라

 # 재평가법

"이미 일어난 일은 어떻게 해도 바꿀 수 없잖아."
"같은 일도 다르게 생각하면 경험으로 쌓을 수 있어."

실제로 일어난 일은 더는 어떻게 할 수 없다. 과거를 바꾸려면 타임머신이라도 있어야 하기 때문이다.

그러나 자신의 일상 하나하나에 대한 관점은 언제든지 바꿀 수 있다. 자신의 생각을 바꾸는 방법을 심리학에서는 '재평가법'이라고 한다.

미국 스탠퍼드대학교의 제임스 그로스James J. Gross의 연구 결과에 따르면 재평가법을 잘 사용하는 사람일수록 스트레스를 잘 느끼지 않고, 긍정적인 감정이 높으며, 인간관계에서 생기는 문제도 적다고 한다.

그러므로 생각을 바꾸면 스트레스가 줄어들고 트라우마를 잊을 수도 있다.

재평가법의 효과

미국 시카고대학교의 커티스 맥밀렌Curtis McMillen은 어릴 때 학대를 받은 여성 154명을 대상으로 학대를 받은 일에 대한 인터뷰를 진행했다.

일반적으로 생각하면 학대를 받는 것은 비참한 일이라서 평생 마음속에 검은 그림자가 질 것 같다. 그런데 커티스 맥밀렌이 인터뷰한 여성들은 나름대로 재평가법을 사용해 가며 씩씩한 성인이 되었음을 알 수 있었다.

그는 학대를 받은 일에 대해 '전혀 이익이 없다'를 0, '조금은 유익했다'를 1, '꽤 유익했다'를 2로 해서 질문해 보았는데, 놀랍게도 여성의 46.8퍼센트가 어릴 때 학대를 받은 일을 유익하다고 느꼈다. 심지어 그중 24퍼센트는 '꽤 유익했다'라고 대답했다.

왜 학대를 받은 일을 유익하다고 느꼈을까? 그 이유는 그녀들이 다음과 같이 재평가했기 때문이다.

- 학대를 받았기 때문에 인간관계에 신중해졌다.
- 자신이 아이를 가졌을 때 아이를 지킬 수 있었다.
- 학대에 관한 지식이 높아졌다.
- 학대를 받았기에 강한 성격을 얻었다고 생각한다.

학대를 받았다는 사실 자체는 안타깝게도 바꿀 수 없다. 하지만 그녀들은 생각을 바꾸어서 학대라는 비참한 체험에서도 유익한 감정을 이끌어 내는 데 성공했다.

바꿀 수 있는 것과 바꿀 수 없는 것

누구나 이런저런 일로 고민할 것이다. 그러나 사실에 굴복하지 말고 생각을 바꾸면 지금의 상황은 얼마든지 달라질 수 있다는 점을 기억하면 좋겠다.

🌡️ **KEY Point**

어떻게 생각하느냐에 따라 발전의 거름으로 삼을 수도 있다.

신경 끄기 연습

몸이 무거운 이유는
마음이 무겁기 때문이다

'어쩐지 최근에 몸이 무거운 것 같아'

'아무래도 피곤한 것처럼 느껴져'

이러한 자각 증상이 있다면 마음 한구석에 고민을
품지 않았는지 잠시 돌이켜 생각해 보면 좋겠다. 사
람은 마음에 부담을 느끼면 몸도 무겁게 느낀다고
알려졌기 때문이다.

사실 몸과 마음은 완벽하다고 할 정도로 연동되어
있다. 마음이 무겁다면 덩달아 몸도 무겁다고 느껴
진다.

캐나다 뉴펀들랜드메모리얼대학교의 마틴 데

이 Martin V. Day 는 대학생 153명을 세 그룹으로 나누어 이런 실험을 했다. 첫 번째 그룹에게는 다른 사람에게 심한 짓을 한 일화를 종이에 쓰게 했다. 이는 실험적으로 마음을 무겁게 하기 위한 조작이다. 이와 반대로 두 번째 그룹에게는 다른 사람에게 좋은 일을 한 일화를 종이에 쓰게 했다. 이쪽은 마음을 가볍게 하기 위한 조작이다. 세 번째 그룹에게는 아무것도 쓰게 하지 않았다. 비교를 위한 제어 조건이다.

그런 다음 모든 참가자에게 "현재 자신의 몸무게는 평소 자신의 몸무게와 비교해서 어떠한가?"라고 물었다. '훨씬 가볍게 느껴진다'라면 1, '매우 무겁게 느껴진다'라면 11을 선택하게 했다.

그 결과, 마음을 무겁게 한 그룹은 몸도 무겁게 느껴진다고 답하는 경향을 발견할 수 있었다. 몸이 무겁게 느껴지면 마음에 어떠한 고민이나 문제가 있을 수 있다. 그래서 몸이 무겁게 느껴지는 것이다.

반대로 말하자면 행복한 일이나 유쾌한 일, 즐거운 일을 생각해서 마음을 가볍게 만들면 몸도 가볍게 느껴질 것이고, 계단마저 쉽게 뛰어 올라갈 수 있을

신경 끄기 연습

지도 모른다.

평소에 몸이 무겁게 느껴진다면 마음에 고민을 품은 채 생활하는 것이 아닌지 자문자답해 보자. 몸이 비명을 지른다면 대체로 마음도 비명을 지르는 경우가 많으므로 고민을 떨치는 행동을 하도록 하자.

3장

" 어떻게 해야 좋은 인상을 줄까? "

신경 끄기 연습 3:
바로 행동하기

☐ 일할 의욕이 전혀 생기지 않을 때가 종종 있다.

☐ 하고 싶은 일은 많은데 잘 지키지 못하는 것 같다.

☐ 무슨 일이든 손익을 따지는 버릇이 있다.

☐ 말실수로 친구를 잃어 본 적이 있다.

☐ 종종 나는 살아 있을 가치가 없는 것처럼 느껴진다.

☐ 1등이 아니면 의미가 없다.

☐ 한번 부담감을 느끼면 일을 망칠 때가 많다.

☐ 고민이 생기면 잠들지 못하고 입맛도 없는 편이다.

해당하는 항목이 있다면
바로 행동하는 방법을 연습해야 한다.

21
의욕을 북돋우는 자세는
따로 있다

주먹 쥐기 효과

"기합 있는 행동을 하면 마음도 따라갈 거야."
"싫은 사람을 만나기 5분 전에 주먹을 꽉 쥐어 보자."

무슨 일이 있어도 참고 남을 위해 노력해야 할 때가 있다. 싫어하는 사람을 돕기 위해서 잔업을 해야 하거나, 리더는 싫지만 팀을 위해서 일을 처리해야 하는 상황이다. 그럴 때 '도와주고 싶지 않아', '일할 마음이 안 생겨'라는 생각만 든다면 어떻게 해야 할까?

이런 상황에서는 주먹을 꽉 쥐는 방법을 추천한다. "에잇!" 하고 주먹을 꽉 쥐고 나면 내키지 않더라도 일은 일로 단정 짓고, 어쩔 수 없이 도와주자는 의지력이 생겨난다.

주먹을 쥐는 행위는 공격으로 이어질 때의 자세다. 그런 자세를 취하면 마음도 적극적이 되어서 하고 싶지 않은 일이라도 하고자 하는 의욕이 생긴다는 점이 신기하지 않은가?

주먹을 꽉 쥐면
적극적인 마음이 생긴다

중국 푸단대학교의 아이리스 헝Iris W. Hung은 학생 54명에게 아이티에서 일어난 대지진의 피해자들을 위해 적십자에 기부를 요구했다. 다른 사람을 위해 제 돈을 사용하기란 누구에게나 좀처럼 쉽지 않은 판단인데 굳이 어려운 판단을 하게 한 것이다.

또한 아이리스 헝은 학생을 두 그룹으로 나눈 뒤 기부를 요구했다.

- **주먹을 쥐게 하는 조건** 펜을 꽉 쥐게 한다.
- **제어 조건** 펜을 검지와 중지 사이에 끼우게 한다.

각각의 상태에서 기부를 요구했더니 주먹을 꽉 쥐게 하는 조건에서 92.0퍼센트가 기부했고, 제어 조건에서는 72.4퍼센트가 기부했다. 따라서 주먹을 꽉 쥐면 싫지만 어쩔 수 없이 하겠다는 마음이 든다는 사실을 알 수 있다.

하고 싶지 않은 일을 해야 할 때 효과적인 기술

정말로 하고 싶지 않은 일이 있을 때는 먼저 주먹을 꽉 쥐고 기합을 넣는다. 그런 다음 일을 시작하면 제법 의욕이 되살아난다.

만약 기분 나쁜 고객을 만나야 한다면 만나기 5분쯤 전에 주먹을 꽉 쥐어 두면 좋다. 그런 식으로 미리 기합을 넣으면 의외로 쉽게 극복할 수 있다.

⚡ KEY Point ─────────────────

때때로 의욕은 행동을 따라간다.

22

남의 시선도
도움이 되는 이유

보여 주기 효과

"남들의 시선을 신경 써서 더 잘하게 될 수도 있지."
"말뿐이라는 평가가 듣기 싫어서 열심히 했어."

우리는 어떻게든 주위 사람들의 시선을 신경 쓰고 만다.
다른 사람이 나를 어떻게 생각하는지 궁금해서 참을 수 없는
것이다.

이 책의 목적은 최대한 신경 쓰지 않는 방법을 소개하는
것이지만, 때에 따라서 주위 사람의 시선을 지나치게 신경
쓰는 행동을 자신의 의욕으로 전환하는 방법도 좋은 아이디
어라서 소개하겠다.

SNS로 밝혀진
인간의 심리

미국에서는 정부나 단체가 아무리 캠페인을 벌여도 장기 기증 등록자가 늘지 않았다고 한다. 이해되지 않는 현상은 아니다. 그야 그렇지 않은가. 누구나 자신의 신장이나 심장을 기증해 달라고 하면 당연히 망설이게 된다.

그런데 2012년 5월 1일에 무려 1만 명이 넘는 신규 등록자가 생겼다. 이 날은 엄청 특별한 날도 아니었다. 다만 페이스북이 플랫폼을 변경해서 프로필에 자신이 장기 기증 희망자인지 여부를 다른 사람도 볼 수 있게 바꾸었을 뿐이다.

미국 존스홉킨스대학교의 앤드류 맥그리거 캐머런Andrew MacGregor Cameron이 조사한 결과에 따르면, 첫날에만 무려 13,054명이 신규로 등록했다고 한다.

참고로 페이스북이 이 서비스를 제공하기 전 하루 평균 신규 등록자는 616명이었다. 페이스북에서 '나는 장기 기증 희망자입니다'라고 어필하는 것이 얼마나 효과적인지 알 수 있다(그 후에도 12일 동안이나 신규 등록하는 사람 수가 많았다고 한다).

말 뿐이라는 평가가
싫은 사람들

신규 등록자가 왜 폭발적으로 증가했을까? 자신이 장기 기증 희망자라고 주위에 알리는 것이 왠지 멋지게 느껴지거나, 자신이 착한 사람이라는 점을 주위에 증명할 수 있기 때문이 아닐까?

우리는 허세를 부리는 면이 있어서 주위 사람이 자신을 좋게 본다면 싫은 일이라도 기꺼이 하려고 한다.

그러니 싫은 일을 꼭 해야 할 때는 군이 주위 사람들에게 공표해 보자. "나는 ○○할 거야!"라고 말하고 나면 남들이 '저 사람은 말뿐이야'라고 생각하는 게 두려워서 하고 싶지 않은 일도 하려는 마음이 든다.

만약 "나는 두 달 안에 5킬로그램을 뺄 거야"라고 주위 사람들에게 공언하면 그 약속을 지키기 위해 하고 싶지도 않은 다이어트라도 열심히 하려는 마음이 들지도 모른다.

🔑 **KEY Point** ───────────────

일단 내뱉으면 지키기 위해 노력하게 된다.

23

충분히 생각할 시간이
없는 게 더 좋다

 # 여유 시간 법칙

"이것저것 계산하고 생각하다 보면 하기 귀찮아져."
"일단 행동부터 하고 보자."

인간은 이것저것 생각할수록 계산적이고 탐욕스러워진다. 그러므로 무슨 일을 부탁받았을 때나 남에게 친절을 베풀어야 할 때는 더는 아무 생각하지 말고 먼저 행동하자.

누군가 "짐 옮기는 것 좀 도와줘!" 같은 부탁을 하면 '그래, 바로 돕자!'라는 마음으로 즉시 움직이기 바란다. 머릿속으로 이것저것 생각하면 귀찮아지거나, 허리를 다칠 것 같다거나 하는 식으로 이득과 손해를 따지게 된다.

시간이 있으면 자기도 모르게
손익을 따진다

미국 매사추세츠공과대학교 MIT 의 데이비드 랜드 David G. Rand는 사람에게 생각할 시간을 주면 제멋대로 행동하기 쉽고 계산적이 된다는 점을 실험으로 확인했다.

그는 실험 참가자를 4명씩 그룹으로 나눠서 각각 40센트를 줬다. 각 멤버는 40센트 중 자신이 원하는 금액을 낸다. 그걸 모아 두 배로 만들어서 나중에 똑같이 분배했다.

예를 들어 4명 모두 자신이 가진 40센트를 다 내면 총 160센트가 된다. 이는 두 배인 320센트가 되므로 넷이서 나누어도 실험이 끝난 후에는 80센트를 받을 수 있다.

그런데 그중에 치사한 사람도 있다. 자신은 전혀 내지 않고 나머지 3명이 40센트를 내면 그들이 낸 120센트가 두 배인 240센트가 되고, 그 돈을 넷이서 나누면 60센트를 받을 수 있다는 계산을 하는 것이다. 거기에 자신이 원래 갖고 있던 40센트를 더하면 자신만 100센트를 받을 수 있다고 생각한 것이다.

이 실험을 할 때 데이비드 랜드는 어떤 그룹에게는 시간을 들이지 않게 하려고 10초 이내에 판단하게 하는 조건을 주

　　　　　　　　　　　　신경 끄기 연습

고, 다른 그룹에는 시간을 천천히 들여서 판단해도 되는 조건을 설정했다. 그러자 10초 이내에 판단하게 할 때는 약 65퍼센트가 40센트를 냈지만, 시간을 들여서 판단하게 하자 약 55퍼센트만 40센트를 냈다.

일단 행동하면
정신건강에도 좋다

이처럼 시간을 들여서 생각하면 자신도 모르게 손익을 따지고 만다. 그렇다면 너무 생각하지 말고 일단 행동하는 편이 좋다. 또한 계속 생각할수록 자신만 손해를 보는 듯한 불쾌한 기분이 들 정도라면 차라리 즉시 행동해야 정신건강상으로도 좋다.

그러므로 다른 사람이 무슨 일을 부탁하면 "알겠습니다, 좋아요"라고 바로 받아들이자. 언뜻 보기에 자신에게 손해인 듯해도 지나치게 계산적이 되지는 말자.

🌡️ **KEY Point**

당장의 작은 손해가 미래의 큰 이익으로 돌아온다.

24

차라리
미움을 받아라

선악의 불균형 효과

"백 번 잘해도 한 번 실수하면 끝일 때도 있지."
"칭찬을 잘하는 것보다 중요한 건 험담하지 않는 거야."

아무리 지금까지 호감을 얻는 행동을 했더라도 사소한 일
로 미움을 사는 경우가 많다.

예를 들어 그동안 호감형 연예인이라며 대접해 주었는데,
바람을 피우거나 방송에서 이상한 발언을 하는 등 사소한 일
을 계기로 단번에 미움을 사기도 한다. 혹은 사소한 실언으
로 그때까지 쌓아온 신뢰를 잃고 인기가 급락한 경우도 흔하
디 흔하다.

사실 이는 지금까지 얼마나 호감을 얻었는지와는 무관하

다. 남에게 미움을 받을 때는 순식간에 커다란 미움을 받기 때문이다.

좋은 평가와 나쁜 평가는 무게가 다르다

미국 케이스웨스턴리저브대학교의 로이 바우마이스터Roy R. Baumeister는 이를 '선악의 불균형 효과'라고 불렀다.

그의 주장에 따르면 악이 선보다 훨씬 강하다. 아무리 착한 일을 많이 하더라도 조금의 나쁜 일에 평가는 즉시 곤두박질친다. 따라서 인간관계에서는 최대한 신중하게 행동해야 한다.

특히 호감을 얻는 노력을 하기보다는 미움을 받지 않는 노력이 중요하다. 이를테면 남을 칭찬하는 일은 중요하지만 그보다 더 중요한 일은 험담하지 않는 것이다. 아무리 앞에서 칭찬해도 뒤에서 험담하는 것을 상대방이 알면 자신에 대한 평가가 단번에 급락한다.

그러므로 남을 칭찬하는 착한 일을 많이 하기보다 험담하지 않도록 주의해야 한다.

더 쉬운 일을
제대로 해내자

원래 남을 칭찬하는 것은 매우 고도의 기술이 필요해서 그리 쉽게 할 수 없다. 그런 점에서 차라리 험담하지 않는 행동은 누구든지 할 수 있을 것이다. 어쨌든 입만 다물고 있으면 되기 때문이다. 이와 마찬가지로 호감을 얻는 것도 누구나 쉽게 할 수 있는 일은 아니다.

하지만 미움을 사지 않는 것은 본인의 마음가짐이나 약간의 주의로 어떻게든 할 수 있다. 다른 사람에게 좋은 인상을 주는 헤어스타일을 하거나 매력적으로 보이는 옷을 입는 행동은 의외로 쉬운 일이 아니지만, 미움만 받지 않으면 된다는 수준이면 그렇게까지 어렵지도 않다. 옷차림이 단정하고 청결해 보이면 충분히 합격점을 얻을 수 있기 때문이다.

그러니 "어떻게 해야 좀 더 호감을 얻을까?"라고 더는 고민하지 말자. 그보다 "어떻게 하면 미움을 받지 않을까?"를 생각해서 최소한의 행동을 제대로 지켜야 피곤해지지 않는다.

🌡️ **KEY Point** ————————————————————

백 번의 선행보다 한 번의 불운을 피하는 게 낫다.

신경 끄기 연습

25

우리가 스스로를
벌하는 이유

 # 도비 효과

"나는 스스로를 너무 괴롭히는 경향이 있어."
"죄책감이 있을 땐 다른 방향으로 갚으면 돼."

"나는 인간 말종이야", "나는 살아 있을 가치가 없는 인간
이야"와 같은 말을 하며 자기 자신에 대해 일부러 심하게 평
가하는 사람이 있다. 자신을 왜 그렇게까지 괴롭힐까? 그 이
유는 뭔가에 대해 죄책감이 있기 때문이다.

자신을 괴롭히는
도비 효과

네덜란드에 있는 틸뷔르흐대학교의 롭 넬리슨Rob M. A. Nelissen은 죄책감으로 자신을 괴롭히는 현상을 '도비 효과'라고 이름을 붙였다.

도비는 《해리포터와 비밀의 방》에 등장하는 캐릭터인데, 주인의 의도에 어긋나는 행동을 하면 그때마다 마법으로 자신을 처벌해야 한다. 죄책감을 느낀 사람이 자신을 괴롭히는 것이 도비가 하는 행동과 닮아서 도비 효과라고 한다.

롭 넬리슨은 이런 실험을 했다. "당신은 공부를 제대로 하지 않아서 시험에 떨어졌다. 유급은 하지 않겠다고 부모님과 약속했음에도 유급할 수밖에 없을 때 친구들이 스키 여행을 가자고 부르면 가겠는가?"라고 물었다.

그러자 대부분의 사람들이 가지 않는다고 대답했다. 부모에게 폐를 끼치는 것과 친구와 스키를 타러 가는 것은 분명히 다른 문제이다. 하지만 부모에게 죄책감을 느끼면 자신을 처벌하고 싶은 마음이 드는 것이다. 이처럼 우리는 죄책감이 있으면 자신을 처벌해서 용서를 얻고 싶어 한다.

죄책감이 꼭 나쁜 것만은 아니다

죄책감이 있으면 우리는 자신을 처벌하려고 하는데, 사실

죄책감 자체는 그다지 나쁜 감정도 아니다. 죄책감을 잘 전환해서 남에게 도움이 되는 형태로 바꾸면 그만이다.

예를 들어 부모에게 폐를 끼친 일에 죄책감을 느낀다면 그만큼 효도를 하면 된다. 어깨를 주물러 드리거나 부모님 말씀을 잘 듣는 것이다. 쉽게 말하면 속죄라고나 할까? 그렇게 해서 좋은 일을 하는 원동력으로 죄책감을 이용한다.

혹시 회사에 구비된 물품을 많이 먹고, 많이 마시고, 많이 사용했는가? 이런 일로 죄책감을 느낀다면 그만큼 다른 사람보다 두 배, 세 배 이상 일해서 회사의 매출에 공헌하면 된다. 이런 방향으로 죄책감을 자꾸 이용해 보자.

KEY Point ────────────────────────

죄책감을 동기부여로 활용하자.

26

1등을 할
필요가 없다

 # 3등의 법칙

"너무 잘하려고만 하니까 더 지치는 듯."
"최고가 되어 질투 받느니 3등 정도가 나을 것 같아."

남과 경쟁하는 행동은 기본적으로 피하는 것이 인생의 철칙이다. 사실 다른 사람과 경쟁해 봤자 피곤하기만 할 뿐이다. 1위를 목표로 하는 건 당치도 않다. 2위도 안 된다. 목표는 3위 정도로 설정해 놓기를 추천한다.

만약 회사에서 최고의 영업사원을 결정할 때도 진심으로 이기려고 하지 말자. 이럴 때는 느긋하게 3위 정도를 노리는 게 정신적으로 지치지 않는 요령이다.

동메달이
은메달보다 더 기쁘다

재미있는 연구 사례가 있어서 소개하겠다. 미국 코넬대학교의 빅토리아 메드벡 Victoria H. Medvec은 1992년 바르셀로나 올림픽에서 각 종목 메달리스트가 시상대에 올라갔을 때의 표정을 녹화한 영상을 대학생 20명에게 보여 주고 얼마나 기뻐 보이는지 점수를 매기게 했다.

그 결과 가장 기뻐 보이는 표정을 지은 선수는 금메달리스트라는 사실을 알았다. 이는 대충 예상했을 것이다. 어쨌든 1위니까. 그런데 지금부터가 재미있다.

일반적으로 생각하면 2위인 은메달리스트가 금메달리스트 다음으로 기뻐 보이는 표정을 지어야 할 텐데, 1위 다음으로 기뻐 보이는 표정을 지은 선수는 오히려 3위인 동메달리스트였다.

은메달리스트의 경우 결승에서 패배해 은메달을 땄다. 그래서 기쁨보다는 분한 마음이 더 크고 벌레라도 씹은 것처럼 오만상을 찌푸리게 된다는 것이다.

그런데 3위는 3, 4위 결정전에서 이기고 올라와서 3위다. '자칫하면 메달도 못 딸 뻔했잖아. 위험했어'라며 가슴을 쓸

어내리는 상황이 되기 때문에 기쁜 표정을 지을 수 있다.

1위가
좋은 것만은 아니다

이 빅토리아 메드벡의 연구를 참고하면 남들과 경쟁할 때 치열한 1위 다툼에 휘말리지 않고 중간보다 조금 위에 있어야 편하다는 걸 알 수 있다. 적어도 꼴찌는 아니라서 다행이라고 느낄 수 있기 때문이다.

특히 직장에서는 최고가 되지 않도록 주의하자. 최고가 되려면 엄청 노력해야 하는 데다가, 최고가 되면 주위 사람들이 시기하고 질투하는 것도 각오해야 한다. 방해하거나 괴롭히는 일도 현실적으로 자주 일어나므로 더더욱 최고가 되지 않는 편이 좋다.

우리의 목표는 3위, 4위, 5위 정도다. 엉뚱한 데서 눈에 띄어 그 후의 일을 하기 어려워지면 참을 수 없을 테니까.

🌡 **KEY Point** ───────────────────

안타까운 실패보다 안정적인 성공을 노리자.

27
전문가도
실수를 하는 이유

부담감의 법칙

"부담감이 생기면 불안하고 일도 하기 싫어."
"마음이 무거우면 잘할 수 있는 일도 실수하게 돼."

나는 부담감을 느끼면 일하기 싫어진다. 그래서 온갖 방법을 동원한다. 그중 하나가 마감 설정이다.

대충 8월 중에 원고를 다 쓸 수 있을 것 같다고 예상하면 10월에 탈고(제출)하겠다고 편집자와 약속한다. 넉넉히 여유를 잡아서 약속하면 마감을 어겨서 여러 사람에게 폐를 끼치거나 "원고는 아직 멀었나요?"라고 재촉당하지도 않는다. 마음 편히 일에 몰두할 수 있게 된다.

부담감을 느끼면 누구든지 성과가 떨어진다. 평소에는 할 수 있는 일도 부담감을 느끼면 못하게 된다.

전문가라도
성과는 크게 떨어진다

미국 텍사스대학교의 데럴 워디Darrell A. Worthy는 미국 프로
농구리그NBA의 2003년부터 2006년 시즌 전 경기 중 점수 차
가 5점 이내인 경기를 두고 마지막 1분 동안 주어진 자유투
를 분석했다.

점수 차가 5점 이내인 데다 마지막 1분이라는 상황은 부담
감이 엄청날 것이다. 그때 선수들의 자유투 성공률은 얼마나
됐을까?

데럴 워디가 조사해 본 결과, 자신의 팀이 이기고 있을 때
는 자유투 성공률이 높다는 사실을 알 수 있었다. 대체로 80
퍼센트가 넘는 성공률이었다. 딱히 이 공을 못 넣어도 팀이
질 리는 없으니까 마음이 편하다는 뜻이 아닐까?

자유투가 가장 안 들어갈 때는 1점 차로 지고 있을 때였다.
자유투를 넣지 못하면 팀이 질 확률이 큰 상황에서의 성공률
은 69퍼센트였다. 부담감을 느끼면 바로 그 순간 실투하는
것이다.

신경 끄기 연습

부담감은
아무나 극복할 수 있는 게 아니다

프로 선수도 부담감을 못 이기는데 일반인은 오죽하겠는가! 그래서 일할 때는 여유를 넉넉히 두고 일정을 짜거나 업무 진행 순서를 설정해 놓는 편이 좋다.

상사가 말도 안 되는 할당량을 정해 주었을 때는 그 일을 처리할 수 있을 만한 힘이 있더라도 일부러 실패하는 것도 하나의 작전이다.

몇 번 할당량을 계속 달성하지 못하면 '음, 이 사람이라면 할 수 있을 줄 알았는데 역시 이 양은 힘들군'이라며 할당량을 낮추어 줄지 모른다. 그렇게 하면 좀 더 느긋하게 일할 수 있을 것이다.

부담감을 느끼는 상황에서 일하면 작업이 오히려 잘된다는 사람도 있겠지만 그건 흔하지 않은 몇몇의 이야기다. 그러니 되도록 부담감을 느끼지 않는 상황을 만드는 방법을 고민해 보기 바란다.

🔑 KEY Point

부담감과 싸우지 말고 피할 수 있다면 피하자.

28

왜 비관적인 생각이
자꾸 떠오를까?

 # 숙면의 효과

"잠은 보약이야."
"잘 자고 일어나면 기분 나빴던 일도 싹 잊게 돼."

우리는 충분한 시간 동안 수면하고 있을까? 실은 수면 부족이라는 사람이 압도적으로 많지 않을까?

2018년 OECD 조사 결과에 따르면 일본인의 수면 시간은 7시간 22분이라고 한다. 이 수면 시간은 OECD 가맹국 중 가장 짧았다. 다른 조사에서는 수면 시간이 6시간 미만인 일본인이 전체 인구의 40퍼센트나 차지한다고 밝혀졌다. 압도적으로 수면 부족인 사람이 수두룩하다고 해도 좋다.

이 책을 선택한 사람은 마음을 가볍게 하고 싶어서 이 책을 읽을 것이다. 이런 마음의 고민을 떨쳐 내는 매우 간단한 해결 방법이 있다. 그 방법은 바로 숙면, 그뿐이다.

일부러 돈을 내서 이 책을 구입한 사람에게는 미안하지만, 사실을 말하자면 잠을 잘 자는 것만으로 대부분의 마음의 고민이나 부정적인 생각은 깨끗이 사라진다. 수면은 그 정도로 효과적이다.

대부분의 문제는 잠으로 해결된다

미국 뉴욕주립대학교 빙엄턴캠퍼스의 제이콥 노타Jacob A. Nota의 연구 결과에 따르면 끙끙거리며 걱정하거나 고민하거나 망설이기만 하는 사람은 모두 공통적으로 수면 시간이 짧은 특징을 보인다고 한다. 반대로 말하자면 잠을 충분히 자는 사람은 그다지 마음의 고민을 느끼지 않는다.

마음의 고민을 해결하고 싶다면 일단 잠을 잘 자야 한다. 이렇게 하면 대부분의 문제가 해결된다.

하룻밤 푹 자고 나면 '왜 그렇게 하찮은 일로 고민했을까?' 하고 고개를 갸우뚱할 정도로 마음속이 후련해질 것이다.

수면은 인간에게
매우 중요하다

수면 시간이 부족하면 우리의 생각은 부정적인 쪽으로 향하기 쉽다. 평소에는 밝게 생각하는 사람이라도 수면이 부족할 때는 '나는 이제 이 일을 못하는 게 아닐까?', '나는 평생 불행한 채로 지내지 않을까?'와 같은 비관적인 생각이 머릿속에 떠오른다.

모두가 일이 바쁘겠지만 그렇다고 수면 시간을 줄이면 안 된다. 수면 시간을 줄여야 할 정도라면 차라리 퇴근해서 TV를 보거나 게임하는 시간을 줄이기 바란다.

수면 시간을 확보하는 것은 마음의 건강을 위해서 반드시 필요하다.

🌡️ **KEY Point** ─────────────────────

숙면의 기적 같은 힘을 믿어 보자.

29
고민하기 어려운
체질을 만드는 법

 # 식이섬유의 효과

"신체적, 정신적 건강 모두에 채소와 과일이 좋대."
"잘 먹는 것만으로도 우울증을 예방하는 데 도움이 돼."

마음의 고민을 떨치고 싶다면 일단 잘 자는 것이 중요하다
고 설명했다. 수면은 매우 중요한 일이지만 사실 또 하나 중
요한 일이 있다. 바로 잘 먹는 것이다.

먹는다고 해도 자신이 좋아하는 것만 먹으면 안 된다. 채
소와 과일을 중심으로 먹어야 한다.

따라서 잘 먹고 잘 자는 것만으로 고민하기 어려운 체질로
다시 태어날 수 있다.

식사와 심리의
흥미로운 관계

폴란드에 있는 바르샤바생명과학대학교의 도미니카 글롱브스카Dominika Glabska는 채소와 과일 섭취와 정신적인 문제의 관련성을 조사한 논문을 철저히 찾아서 61가지 연구를 발견했다.

그 연구 결과를 종합적으로 분석해 보니 채소나 과일을 많이 섭취할수록 정신적인 문제를 느끼기 어렵다는 사실이 밝혀졌다. 채소나 과일을 많이 먹는 사람은 매사를 밝게 생각해서 고민을 보고하는 횟수가 줄었고, 우울증이라고 진단받는 경우도 적었다.

내 전공은 심리학이지 영양학은 아니라서 채소나 과일 속에 우울증을 예방하는 영양소가 얼마나 함유되어 있는지 모른다. 하지만 현실적으로 '우울증을 예방할 수 있다'고 해도 되는 결과를 도미니카 글롱브스카의 연구로 밝혀냈다고 할 수 있다.

또 이런 연구도 있다. 영국에 있는 리즈대학교의 대릴 오코너Daryl B. O'Connor는 422명에게 11일 동안 날마다 어떤 기분이었고 무엇을 먹었는지 기록하게 했다. 그랬더니 기분 나쁜 일이 있었던 날은 당분, 지방분이 많은 스낵 과자를 많이 섭취했고 채소를 섭취하지 않는다는 사실을 알 수 있었다.

당분과 지방의 과다 섭취는 조삼모사와 같다

제대로 된 식생활 습관도 들이지 않고 마음의 문제만 해결해 달라는 건 이루어지기 어려운 바람이다. 제대로 된 식생활 습관을 들인 사람은 의외로 고민도 적다.

당분이나 지방분을 섭취하면 맛있으니까 즉시 기분이 좋아지고 일시적으로 기분 나쁜 일을 잊을 수 있다. 그래서 고민이 많은 사람은 당분이나 지방분이 많은 식사를 하고 채소를 섭취하지 않기 쉽다.

그러므로 채소와 과일은 최대한 많이 섭취해야 한다. 그렇게 하면 특별한 일을 하지 않더라도 고민을 잘 느끼지 못하는 체질로 점점 변화할 것이다.

KEY Point

잘 자는 것뿐만 아니라 잘 먹는 것도 중요하다.

30
감정 조절에 필요한
에너지는 따로 있다

짜증의 이유

"사소한 일로 짜증이 나면 에너지가 부족한 거래."
"포도당이 감정 조절하는 데 도움을 준다는데?"

만약 계산이 느리거나 전철의 연착 등 아주 사소한 일로
화난다면 포도당이 부족한 이유일 수 있다.

감정 조절에 필요한
에너지

미국 오하이오주립대학교의 브래드 부시먼Brad J. Bushman은
다음과 같은 가설을 세웠다. '짜증이 나는 이유는 감정을 조
절하지 못하기 때문이다. 그리고 감정을 조절하려면 엄청난

힘이 필요하다. 그런 에너지는 글루코스(포도당)가 만들어 낸다. 그렇다면 글루코스가 부족하면 짜증을 잘 조절하지 못하는 것이 아닐까?'

브래드 부시먼은 이 가설을 부부 107쌍을 대상으로 한 연구로 확인했다.

그는 21일 동안 파트너에게 화가 난 횟수를 기록하게 하고 매일 밤 부두 인형(저주 인형)에 화가 난 횟수만큼 핀을 꽂게 했다. 또한 밤에는 혈중 포도당 수치도 측정해서 기록해 놓도록 요청했다. 그 결과를 분석해 보니 혈중 포도당 수치가 적은 날일수록 저주 인형에 핀을 잔뜩 꽂았다는 사실을 알 수 있었다.

이 연구로 알 수 있듯이, 포도당이 부족하면 감정을 잘 조절하지 못해서 쉽게 짜증을 내게 된다.

포도당은 기분을 진정시킨다

포도당은 곡류나 과실에 많이 함유된 영양소이다. 앞에서 과일을 많이 섭취하면 좋다고 설명했는데, 포도당에는 우울증을 예방하는 기능뿐만 아니라 짜증을 진정시키는 효과도 있다고 할 수 있다. 포도당의 경우 손쉽게 구입할 수 있는 저가의 건강보조식품도 있으므로 그런 제품을 상비해 놓는 것도 좋다. 짜증이 나서 곤란할 때는 건강보조식품으로 포도당을 섭취하면 기분이 진정되기 때문이다.

'포도당은 당분이니까 그런 걸 섭취하면 살이 찌지 않을까?'라고 생각하는 사람이 있을 텐데 포도당은 몸에도 필요한 영양소이다.

과다 섭취하면 살이 찔 수 있지만, 다이어트를 한다고 해서 포도당을 전혀 섭취하지 않으면 감정까지 잘 조절하지 못하게 되므로 조심하자.

🌡 KEY Point

건강보조식품으로 짜증을 달래는 법도 효과가 있다.

칼럼 3
주말도 평일과 똑같이
생활한다

대부분 사람들은 주말이 되면 평일의 스트레스를 날리겠다며 실컷 즐기려고 하는데 그런 행동은 그다지 현명한 방법이 아니다. 밤늦게까지 동영상을 보거나 게임을 하면 다음 주 월요일에 힘든 경험을 하게 되기 때문이다.

주말에 밤을 지새우면 체내의 일주리듬 circadian rhythm (24시간 주기로 움직이는 체내시계와 같은 현상)이 무너져서 쓸데없이 고된 경험을 하게 된다.

호주에 있는 애들레이드대학교의 아만다 테일러 Amanda Taylor 는 실험 참가자 16명을 두 그룹으로 나누어 주말에도 평일과 똑같은 시간에 취침하는 조건과 3시간만 자고 밤새워 노는 조건으로 실험해 보았다.

그러자 3시간만 자고 밤새워 놀아야 하는 조건에서는 다음 주 월요일 낮 동안 졸리거나 피로를 쉽게 느낀다는 사실을 알 수 있었다. 몸의 리듬이 깨지면 즉시 원래대로 돌아오지 않는 법이다.

월요일에 몸 상태가 이상해지는 것이 싫다면 주말에도 평일과 똑같은 생활을 해야 한다. 밤새워 놀지 말고 정해진 시간에 잠을 자도록 한다.

'모처럼의 주말인데 재미없다'라고 불평하고 싶은 사람도 있겠지만, 그렇게 해야 다음 주에 몸이 편하므로 어느 쪽이 좋은지 생각해 보면 된다.

주말이라고 해서 완전히 휴식하지 않는다는 조언도 함께 기억해 두면 좋다. 나는 주말이라도 1시간에서 2시간은 반드시 일을 한다. 그 이유는 조금이라도 일을 해야 내 리듬이 무너지지 않아서 다음 주가 되어도 괴롭지 않기 때문이다.

주말에 완전히 휴식을 취하면 월요일에 즉시 원래

상태로 돌아오지 않아서 일하고 싶은 마음이 들지
않는다.

  야구에서 큰 활약을 펼친 스즈키 이치로는 어릴 때
1년 중 363일은 배팅센터에 다니며 연습했다고 한
다. 1년에 단 이틀만 쉬었다고 하는데, 설날에 배팅
센터가 쉬었기 때문이란다. 그러한 습관이 들면 몸
의 균형도 무너지지 않고 안정적으로 유지된다.

  여러분도 다음 주 월요일을 기분 좋게 시작할 수
있게 좋은 주말을 보내기 바란다.

4장

"
어떻게 해야
나를
지킬까?
"

신경 끄기 연습 4:
초조함 내려놓기

□ 아무리 힘들어도 약물에 의지하면 안 된다고 생각한다.

□ 불평불만이 자꾸 늘어난다.

□ 기분 나쁜 일이 생기면 표정도 덩달아 험악해진다.

□ 거절을 잘하지 못해서 늘 고민한다.

□ 입장이 다른 사람을 설득하기 위해 애쓰는 편이다.

□ 내 의견에 늘 반대하는 사람 때문에 신경 쓰인다.

해당하는 항목이 있다면
초조함을 내려놓는 방법을 연습해야 한다.

31

모든 고민을
혼자서 해결할 수 없는 이유

 # 전문가 전략

"혼자 해결할 수 없으면 전문가의 도움을 받아야지."
"직접 상담 받기 꺼려지면 전화로 말하는 것도 방법이야."

이 책에서는 마음의 고민을 직접 해결하는 힌트를 소개한다. 그렇지만 혼자의 힘으로는 어떻게 할 수 없는 일도 있다. 이럴 때는 더 이상 망설이지 말고 전문가의 힘을 빌리자.

양치질을 확실히 해서 충치를 예방하는 것은 중요하지만, 그럼에도 충치가 생긴다면 자기 혼자만의 힘으로는 더 이상 어쩔 수 없다. 치과에 가서 치료를 받는 것은 매우 자연스러운 과정이다.

마음의 문제도 마찬가지다. 내 힘으로 어떻게 할 수 없다고 느껴지면 즉시 상담을 받으러 가자. 혼자서 어떻게든 하려고 하기보다 손쉽게 해결할 수 있는 일이 꽤 많다.

때로는 전문가에게 부탁하는 게 가장 좋다

프로 음악가라도 무대에 오를 때 엄청나게 긴장한다. 그래서 자신만의 긴장을 푸는 방법을 찾는데, 모두가 그렇게 하는지 묻는다면 딱히 그렇지도 않다.

혼자서 해결하려고 하지 않고 아무도 모르게 전문가에게 약을 처방받는 사람도 많다.

미국 오하이오주에 있는 클리블랜드 클리닉재단의 재클린 슬롬카Jacquelyn Slomka가 조사한 결과에 따르면 오페라 가수나 플루트 연주자와 같은 음악가는 프로프라놀롤이라는 약을 복용하는 사람이 많다고 한다. 프로프라놀롤은 협심증이나 심근경색 등에 처방하는 약인데, 무대에 오를 때 긴장이나 불안을 진정시키는 데도 이용할 수 있다.

프로라고 해도 멘탈을 자신의 힘으로 단련할 수 있는 것은 아니다. 그래서 전문가에게 의지하는 경우도 생각보다 흔하게 볼 수 있다.

거부감을
줄일 방법을 찾자

모든 사람이 전문가는 아니니까 더더욱 자기 힘으로 어떻게 할 수 없는 일도 많을 것이다. 그럴 때는 빨리 전문가의 힘에 의지해야 마음도 편하다.

정신과나 상담 클리닉에 가는 것이 거부감이 든다면 전화로 상담해 주는 곳을 찾는 방법도 추천한다. 전화 상담의 경우 누군가가 보는 일도 없으므로 안심할 수 있다. 최근에는 전화가 아니라 온라인으로 상담을 접수하는 곳도 많으니 일단 메일로 가볍게 상담해 보는 방법은 어떨까?

무엇보다도 혼자 힘으로만 어떻게든 해결하려고 고집하지 않는 것이 중요하다.

🔑 **KEY Point** ─────────────

망설임은 도움을 받을 시기를 늦출 뿐이다.

32

왜 불만이
자꾸 늘어날까?

심리적 감염 법칙

"안 좋은 말을 자꾸 들으면 나도 부정적이 될 거야."
"감정은 잘 전염된다니까 조심해야지."

끊임없이 투덜대는 사람이 분명히 주위에 있을 것이다.
"우리 회사는 월급이 짜다", "우리 가게는 손님의 수준이 너
무 떨어진다", "여름에는 덥고 겨울에는 추워서 싫다" 등 입
만 열면 불평을 쏟아 낸다.

이런 사람의 곁에는 최대한 다가가지 않도록 해야 한다.
자주 투정하는 사람의 곁에 있으면 자신까지 투정을 늘어놓
고 불만을 잘 느끼는 사람이 되기 때문이다.

심리적 감염에
가급적 주의하자

이러한 현상은 '심리적 감염'이라고 한다. 알기 쉽게 말하자면 '까마귀 노는 곳에 백로야 가지 마라'라는 말과 같은 현상이다. 자신은 깨닫지 못하겠지만 우리는 함께 어울리는 사람에게 영향을 매우 많이 받는다.

페이스북 코어 데이터 사이언스 팀의 애덤 크레이머Adam Kramer는 페이스북 이용자가 업로드한 말들의 일주일치 데이터를 분석해 본 적이 있다.

그 결과 친구가 부정적인 정보를 올리면 자신도 부정적인 말을 많이 사용하는 경향이 확인되었다. 친구의 감정이 자신에게도 감염되는 것이다.

'군자는 위험을 가까이 하지 않는다'는 말을 아는가? 현명한 사람은 쓸데없이 위험한 일에 가까이 가지 않는다는 뜻이다. 투정만 부리는 사람에게서 거리를 두는 것은 그야말로 현명한 선택이라고 할 수 있다.

친구를 만든다면 언제 어느 상황이든지 긍정적인 말을 하는 사람이 좋다. 비가 내리는 날이라도 "나는 비 오는 날을 더 좋아해"라며 긍정적으로 말하는 그런 사람과 어울리는 편이 좋다.

사람은 생각보다
타인의 감정을 잘 닮는다

나는 인터넷 기사를 별로 읽지 않는다. 트집만 잡는 사람이 너무 많기 때문이다. 트집이나 비판만 하는 사람은 자주 투정하는 사람과 똑같아서 최대한 가까이하지 않는 편이 좋다. 트집만 잡는 기사를 읽으면 역시 모르는 사이에 다른 사람의 트집만 잡는 사람이 될 것이다.

물론 모든 인터넷 기사가 나쁘다는 것은 아니다. 마음이 훈훈해지는 일화 등을 중심으로 소개하는 기사도 있으니 그런 기사는 읽어도 무방하다.

긍정적인 감염 효과가 일어나면 자신의 마음도 긍정적으로 변화하도록 기대할 수 있다.

🌡 **KEY Point**
자주 투정하는 사람에게 거리를 두자.

33
불평불만이 많으면
돈도 달아나는 이유

 # 부자의 법칙

"불만 많은 사람은 성공하기 어렵지."
"부정적인 말을 할 것 같으면 일단 입을 다물자."

불평이나 불만, 트집만 늘어놓는 사람은 자신의 마음도 부정적으로 변화하기 쉽다. 그런 사람일수록 출세도 하지 못할 확률이 높으니 주의하기 바란다. 불만이 많은 사람이 승급하거나 승진하거나 부자가 되는 건 기대하기 어려운 일이다.

당신은 부자가 될 수 있는
사람인가?

캐나다에 있는 케이프브레튼대학교의 스튜어트 매캔Stewart McCann은 트위터 내용이 긍정적인지 부정적인지 여부와 그 사람의 사회적 경제적 지위(부자의 여부)의 관계에 관한 연구를 진행했다. 14만 명의 트위터 내용을 분석했기 때문에 규모가 매우 큰 연구다.

그가 조사한 결과, 내용이 부정적일수록 사회적 경제적 지위가 낮다는 사실을 알 수 있었다. 요약하자면 험담이나 불만, 투정만 하는 사람은 부자가 될 수 없다는 뜻이다.

부자는 부정적인 말을 하지 않는다. 오히려 긍정적인 말만 한다. '만나는 사람이 다 천사로 보인다! 땡큐!' 같은 글이 많은 사람은 훗날 심리적으로 행복한 인생을 보낼 수 있겠구나 하고 예상할 수 있다.

남에게 해를 끼치려다가 오히려 자신도 같이 해를 입는다는 말이 있는데, 이는 진실이다. 누군가에 대한 불평이나 험담만 하면 결국은 자신의 미래도 망치고 말 테니까 나쁜 말을 하지 않는 게 좋겠다.

부정적인 말은 바로 내뱉지 말자

만약 점심을 먹기 위해서 우연히 들어간 가게의 요리가 몹시 맛이 없었다고 하자. 이런 경우 대부분 사람은 "뭐야, 젠장. 실패했어"라고 중얼거리는데 이런 건 좋지 않다. 오히려 "맛있다! 맛있다!"라며 먹는 게 정답이다.

"뭐? 맛이 없는데!?"라고 생각할 수 있는데, 아무리 맛없는 요리라도 "맛있다! 맛있다!"라며 먹으면 정말로 맛있게 느껴진다.

긍정적인 말을 하면 마음도 점점 긍정적으로 변한다. 그러므로 부정적인 말이 입 밖으로 튀어나올 것 같으면 우선 멈추고, 즉시 발상을 전환해서 최대한 긍정적인 표현으로 바꾼 후에 말해 보기를 바란다.

🌡 KEY Point ─────────────────────────

부자들은 부정적인 말을 하지 않는다는 사실을 기억해라.

34
곤란할 때는
이런 작전을 쓰자

미소의 법칙

"의욕이 나지 않을 때는 인위적인 미소라도 지어 보자."
"투덜거리기만 하는 것보단 차라리 웃는 게 낫지."

날마다 즐겁게 일할 수 있으면 좋겠지만 좀처럼 쉽지 않은
날이 있다. 하고 싶지 않은 일을 일방적으로 명령받거나 고
객이나 거래처에서 무리한 주문을 강요당하면 일하고 싶은
의욕도 사라진다.

이럴 때 대부분 사람은 매서운 표정을 짓는데, 이럴 때야말
로 미소 짓는 방법을 추천하고 싶다. 방긋방긋 웃으면 기분도
왠지 모르게 좋아지고 쾌활한 상태가 되기 때문이다.

'기분이 매우 나쁜데 방긋방긋 웃는다고 좋아질까?'라고 생

신경 끄기 연습

각할지 모른다. 그러나 우리의 심리 상태는 자신이 어떤 표정을 짓는가에 따라 영향을 받는다.

즐거워 보이는 표정을 지으면 아무리 가짜 미소라도 왠지 모르게 즐거워져서 괴로움이나 답답함을 느끼지 않게 된다.

곤란하다면
미소 작전

네덜란드 암스테르담대학교의 필립 필리핀 Philip B. Philippen은 실험 참가 전단지를 뿌려서 남성 16명, 여성 18명을 모집했다.

그들에게 자전거 타기를 요청했는데, 한 그룹은 웃으며 자전거를 타게 하고 나머지 그룹에는 인상을 쓰며 자전거를 타게 했다.

자전거 타기는 의외로 온 힘을 다해서 타야 하므로 참가자들은 괴로웠을 것이다. 그런데 웃으며 자전거를 타게 한 그룹에서는 실험 후 '기분 좋은 정도'의 평가가 높았고 작업 중의 '피로'도 그다지 느끼지 않았다(다음 표 참조).

웃으며 작업하면 즐겁게 느껴지고 피곤하지도 않다

	기분 좋은 정도 (-5점부터 +5점)	피로 (0점부터 20점)
웃으며 작업할 때	2.91	11.53
인상을 쓰며 작업할 때	2.12	12.06

(출처: Philippen, P. B., et al., 2012)

투덜거림은
아무런 도움이 되지 않는다

하기 싫은 일을 명령받아서 '아, 기분 나빠. 왜 거절하지 못했을까? 아아, 하고 싶지 않아……'라고 투덜거리며 일을 하면 어쩔 수 없이 일하기 때문에 하나도 즐겁지 않다.

이럴 때는 그만 투덜거리고 차라리 빨리 끝낼 방법을 생각해 보자. 물론 작업을 시작하기 전에 미소를 짓는 걸 잊으면 안 된다.

이 '곤란할 때는 미소 작전'은 심리학적으로도 매우 효과적인 방법이다. 하고 싶지 않은 일을 억지로 할 때는 꼭 한 번 해 보기를 바란다.

🌡 **KEY Point**

웃으면 복이 온다는 말은 진실이다.

35
의욕을 높이는
가장 쉬운 방법

 # 밝은 목소리 효과

"내키지 않는 티를 내기보다 그냥 밝게 말하자."
"행복한 목소리가 내 기분도 행복하게 만들 거야."

기분 나쁜 사람과 함께 팀을 짜서 일해야 하거나 싫은 사람과 짝을 지어서 거래처를 돌아다녀야 할 때는 아무래도 낙담하게 된다. 상대방이 말을 걸어도 처음부터 의욕이 없기 때문에 "그렇군요⋯⋯"라며 별로 내키지 않는 티가 나도록 대답한다.

앞에서 우리의 심리 상태는 자신이 어떤 표정을 짓느냐에 따라 달라진다고 했는데, 표정뿐만이 아니라 목소리로도 심리가 달라진다.

싫어하는 상사나 부하 직원과 일을 해야 한다거나 기분 나쁜 고객을 상대해야 한다면 우선 불쾌한 목소리를 내지 말아야 한다. 그런 목소리로 말하면 더욱더 의기소침해질 수밖에 없다.

기분이 좋아지고 싶다면 기분이 좋아지는 목소리를 내야 한다. 구체적으로는 톤을 조금 높여서 신나는 목소리를 내도록 한다.

친구에게 깜짝 선물을 받았을 때 "우와~! 고마워~!"라며 고마움을 전할 때의 목소리다. 그런 목소리를 평소에 내도록 하면 낙담할 일도 없다.

행복한 목소리를 들으면 행복해진다

프랑스에 있는 파리 제6대학교의 장 줄리앙 오쿠튀리에Jean-Julien Aucouturier는 어떤 문장을 낭독하게 해서 그 목소리를 녹음한 후 자신의 목소리를 헤드폰으로 듣는 실험을 한 적이 있다.

단, 참가자에게는 알리지 않고 참가자가 낭독할 때의 목소

신경 끄기 연습

리를 기계적으로 변환해서 행복한 목소리로 들리도록 바꾸었다. 행복한 목소리란 원래의 목소리 높이나 억양을 미묘하게 높게 변환한 목소리를 의미한다.

참가자들은 자신이 낭독한 목소리 그대로가 아니라 사실은 미묘하게 행복한 목소리를 듣는 것인데, 그런 목소리를 들으면 그 후 왠지 모르게 행복해진다는 사실을 이 실험으로 알아냈다. 즉, 자신의 행복한 목소리를 들으면 행복해질 수 있다는 뜻이다.

커뮤니케이션도 밝은 목소리로

출근할 때 그 누구와도 인사하지 않는 사람이 있다. 사무실에 다른 사람이 있는데도 눈도 마주치지 않고 자신의 책상으로 곧장 가서 묵묵히 일을 시작한다. 이러면 기분이 좋아질 리가 없지 않을까?

날마다 즐겁게 일하고 싶다면 좀 더 밝은 목소리를 내자. 누구에게나 인사를 하며 밝은 목소리를 내는 것이다. 출근할 때는 경비원에게 "좋은 아침입니다!"라고 밝은 목소리로 인사하고, 통로에서 스쳐 지나가는 다른 부서 사람들에게도 "안녕하세요!"라고 일단 밝은 목소리로 몇 번이고 인사를 연발하며 자신의 자리로 간다.

이런 식으로 자신의 자리로 가면 일을 시작할 때는 완전히 행복한 상태가 되어 의욕도 상당히 높아진다.

KEY Point ────────────────────────

행복한 기분은 의욕도 북돋운다.

신경 끄기 연습

36

싫다고 말할 용기를 주는
심리 작전

 # 파워 포즈

"분명하게 말해야 할 때는 기합이 들어간 포즈를!"
"자신감도 바른 자세에서 나온대."

일로 협상할 때는 강경한 태도를 보여야 하는 상황이 자주
생긴다. 상대방이 하라는 대로만 하면 이익을 올릴 수 없다.
상대방의 제안이 마음에 들지 않는다면 "싫습니다!"라고 거
절하는 용기를 가져야 한다.

'그런 건 잘 알고 있어요. 하지만 그래도 심리적으로 위축
되어서 강하게 나가지 못한다고요!' 이렇게 생각하는 사람도
있지 않겠는가? 그래서 이번에는 기세등등한 사람이 되기

위한 심리 작전을 알려 주겠다.

그 방법은 협상을 시작하기 전에 화장실 빈칸 등에서 몰래 양팔을 높이 올리는 것이다. 운동선수가 대회에서 우승했을 때와 같은 배짱 있는 포즈도 좋다.

우리의 마음은 자신이 어떤 자세를 취하느냐에 따라 달라진다는 주장이 있다. 강해 보이는 자세를 취하면 마음도 강해질 수 있다는 것이다. 이런 강해 보이는 자세를 심리학에서는 '파워 포즈'라고 한다.

파워 포즈의 효과

미국 텍사스 A&M대학교의 케이티 개리슨Katie E. Garrison은 대학생 305명에게 실험 참가를 요청해서 절반의 그룹에게 파워 포즈를 취하게 했다.

다리를 테이블 위에 올리고 의자 등받이에 기대어 몸을 젖힌 자세를 잡게 했다. 마치 마피아 두목 같은 자세다. 나머지 절반에게는 양발을 붙여서 의자에 반듯하게 앉게 하고 고개를 숙인 자세를 취하게 했다. 약해 보이는 사람이 할 듯한 힘없이 고개를 떨군 자세다.

신경 끄기 연습

잠시 참가자들에게 이 자세를 잡게 한 후 돈을 나누는 협상 게임을 했다. 그러자 상대방의 제안이 마음에 들지 않을 때 "싫다!"라고 거절하는 사람이 파워 포즈를 취한 그룹에서 1.71배 증가했다.

자세를 바르게 해야
자신감도 생긴다

만약 아무리 노력해도 명확하고 강하게 나서지 못한다면 자세가 나쁘기 때문은 아닐까? 등이 굽지 않았는가? 평소에 고개를 숙이고 걷지 않는가? 그렇게 약해 보이는 자세를 취하다 보면 마음도 약해질 수밖에 없다.

길거리를 걸을 때는 턱을 올리고 당당하게 걷자. 의자에 앉을 때는 허리를 꼿꼿이 세우고 가슴을 펴자. 그렇게 해서 강해 보이는 자세를 취하면 마음도 강해질 것이다.

🔑 KEY Point ─────────────────────

정신은 육체를 따라간다.

37
빠르게 포기하는 게
이득인 이유

 # 일치 효과

"어차피 누구든지 자기 생각을 잘 바꾸지 않지."
"차라리 빨리 포기하는 게 나을지도 몰라."

다른 사람과 의견이 엇갈릴 때는 자기 생각을 상대방에게
이해시키려고 하지 않는 편이 좋다. 어차피 이해할 리가 없
기 때문이다. 원래 우리는 자신의 의견을 쉽게 바꾸지 않는
다. 그게 일반적이다. 고집이 세서 남의 의견을 듣지 않는 것
이 아니라, 누구나 남의 의견을 귀담아 듣지 않는 것이다.

이해하기 쉬운 예를 들겠다. 내가 남에게 설득당했을 때
'과연 그렇구나' 하고 즉시 받아들인 적이 있는가? 아마 귀담

아듣지 않았을 것이다. 인간은 일반적으로 자신의 의견을 바꾸지 않는다. 애초에 바꿀 일이 없으니까 상대방이 나의 의견을 바꾸겠다는 시도는 대체로 실패한다. 그래서 정색하고 상대방을 설득하거나 이해시키겠다고 해도 어차피 실패할 것이 분명하다.

우리는 자신의 의견이나 신념과 일치하는 것만 받아들인다. 이를 '일치 효과'라고 한다.

누구든 자신의 신념을 쉽게 굽히지 않는다

미국 하버드대학교의 캐스 선스타인 Cass R. Sunstein 은 실험 참가자 302명에게 기후 변동에 관한 여러 가지 입장의 기사를 읽게 하고 이를 얼마나 이해하는지 조사했다.

그 결과, 애초에 인간이 기후 변동을 일으켰다고 믿는 사람은 '평균 기온의 상승 속도는 이전에 예상했던 정도보다 빠르지 않아서 온난화를 일으킨다고 할 수 없다'는 문장을 믿지 않았다. 하지만 기후 변동이 인위적인 이유 때문이라고 믿는 사람은 '평균 기온의 상승은 예상보다 더 빠른 속도로 온난화를 일으킨다고 할 수 있다'는 문장을 옳다고 느꼈다. 이것이 일치 효과다.

우리는 자신의 신념을 굽히지 않는다. 그렇기에 서로의 의견이 부딪치면 아무리 논의해도 소용없을 때가 많다.

차라리 빨리 포기하는 게 현명하다

따라서 논쟁이 벌어질 것 같다고 느끼면 차라리 재빨리 포기해야 한다. 아무리 열정적으로 말한들 상대방이 내 의견을 받아들일 것이라고 기대할 수 없는 한 노력과 시간만 낭비하고 만다.

회의에서도 마찬가지다. 누군가가 여러분의 의견을 물고 늘어지면 차라리 빨리 물러나자. "과연, 그런 시점도 확실히 중요하지요", "정말 저는 그런 생각을 하지 못했어요"라며 패배를 깨끗이 인정하고 더 이상 논쟁하지 않는 게 낫다. 이런 자세가 어떤 면에서는 현명한 방식이라고 할 수 있겠다.

🌡️ **KEY Point** ─────────────────

사람은 누구나 자신의 의견을 잘 굽히지 않는다는 걸 기억하자.

신경 끄기 연습

38

왜 같은 사실을 두고
의견이 갈릴까?

 # 신념 법칙

"같은 데이터라도 사람에 따라 다르게 해석할 수 있지."
"상대방의 신념이나 취향에 따라 의견이 다를 수 있어."

과학적인 데이터는 객관적인 절차를 기반으로 해서 얻을 수 있다. 거기에 주관적인 생각이 개입하는 경우는 없다. 그런데 데이터의 해석은 다르다. 해석은 얼마든지 주관적으로 할 수 있으므로 완전히 똑같은 데이터라도 전혀 다른 결론을 이끌어 낼 수 있다.

앞에서 우리는 자신의 신념과 일치하는 것만 받아들인다고 말했는데, 데이터 해석에 관해서도 똑같이 말할 수 있다.

예를 들어 신상품을 위한 마케팅을 진행해서 '참여한 사람의 70퍼센트가 호의적으로 평가했다'는 데이터를 얻었다고 하자. 당신은 이 상품의 개발에 관여했기에 매우 기분 좋다.

그러나 회의에서 이 데이터에 대해 보고했더니 한 참가자가 "하지만 나머지 30퍼센트는 싫어하는 거잖아요?"라고 말했다고 생각해 보자.

물론 30퍼센트는 호의적으로 평가하지 않았지만 다수에게 지지를 받았다고 말하게 될 것이다. 하지만 반대하는 사람은 자신의 의견을 쉽게 바꾸지 않는다. 처음부터 반대했기 때문이다.

그 신상품을 좋아하지 않는 것인지 아니면 당신을 싫어하는지는 알 수 없지만, 아무튼 그 반대하는 사람 탓에 신상품 발표가 보류당하는 일이 생길 수도 있다.

사실은 같더라도
결론은 전혀 다르다

미국 예일대학교의 댄 카한Dan M. Kahan은 수학 시험에서 높은 점수를 받은 사람에게 '피부 발진 치료용 스킨 크림이 피부를 확실히 개선시키는가'에 관한 임상 데이터를 보여 주었다. 그들은 수학을 잘하기 때문에 이 데이터를 정확하게 분석할 수 있었다.

그런데 그다음으로 같은 사람들에게 몇몇 도시의 범죄 통계를 보여 주고 '총기 규제 법률에 따라 범죄가 확실히 억제되는가'라고 판단하게 했더니 수학을 잘하는 사람이라도 총기 규제에 찬성하거나 반대하는 입장에 따라 이 데이터를 다르게 판단했다.

총기 규제에 찬성하는 사람은 범죄를 억제할 수 있다고 결론을 내렸고, 총기 규제에 반대하는 사람은 같은 데이터를 보고 전혀 관계가 없다고 결론을 내렸다.

참고로 피부 발진 치료용 스킨 크림 데이터와 범죄 통계 데이터에 사용된 숫자는 똑같았다. 자신의 신념에 따라 내놓은 결론이 달라진 것이다.

객관적 데이터만
너무 믿지 말자

일단 데이터가 있으면 사람은 설득할 수 있을 것이라는 믿음은 너무 낙관적인 생각이다.

인간은 받아들이고 싶은 것만 받아들이므로 데이터를 수집하기 전에 일단 상대방이 어떤 신념이나 의견, 취향을 가졌는지 탐색하는 것도 중요하다.

어차피 상대방은 자신이 납득할 만한 데이터가 아니라면 받아들이지 않을 것이다.

🌡 KEY Point ──────────────────────────

누구에게는 한 개'만' 남았고, 누구에게는 한 개'나' 남았다는 표현의 차이를 기억하라.

신경 끄기 연습

39

좋은 사람이 되는 방법은
아주 손쉽다

 # 따뜻한 말 감염 효과

"좋은 말을 자꾸 들으면 좋은 사람이 될 수 있을 거야."
"가사가 따뜻한 노래를 들으면 좋겠어."

인간관계로 고민하고 싶지 않다면 미움을 받지 않도록 해
야 한다. 누구에게든 미움을 받지 않으면 남들과 충돌할 일
도 없고 결과적으로 스트레스를 느끼는 일도 사라지기 때문
이다.

그럼 어떻게 해야 '좋은 사람'이 될 수 있을까?

그다지 어려운 일을 할 필요는 없다. 가장 쉬운 한 가지 방
법은 평소에 자신이 듣는 음악을 친사회적인 가사의 노래로

바꾸기만 하면 된다. 이렇게만 하면 저절로 좋은 사람이 될
확률이 높아진다.

친사회적이라는 말은 누군가를 배려하고 누군가를 위해서
행동하는 것을 뜻하는데, 어차피 음악을 들을 거라면 그런
가사의 노래를 선택하기 바란다.

친사회적인
노래 가사의 힘

오스트리아 인스브루크대학교의 토비아스 그리트마이
어Tobias Greitemeyer는 음악 취향 조사라는 명목으로 모은 참가
자들에게 친사회적인 가사의 노래와 중립적인 가사의 노래
중 하나를 들려주었다.

친사회적인 가사가 포함된 노래를 듣는 조건에서는 마이
클 잭슨의 'Heal The World' 등 4곡을 들려주었다. '자신이
할 수 있는 작은 범위라도 좋으니 세상을 좋은 곳으로 만들
자'는 가사가 많이 포함된 노래다. 중립적인 가사의 노래로
는 마이클 잭슨의 'On The Line' 등 4곡을 들려주었다. 이쪽
은 남을 돕거나 배려하는 가사가 포함되어 있지 않다.

음악을 들은 후 실험이 끝났음을 알릴 때 여성 어시스턴트

가 연필 20자루를 무심코 바닥에 떨어뜨린다. 사실은 일부러 떨어뜨리고 그 연필을 줍는 일을 얼마나 돕는지 몰래 측정했다.

그 결과 친사회적인 가사의 노래를 들은 그룹에서는 평균 5.53자루를 주워 준 것에 비해 중립적인 가사의 노래를 들은 그룹이 주워 준 연필 수는 고작 1.25자루였다. 이처럼 친사회적인 가사의 노래를 들으면 저절로 남을 돕는 마음이 강해질 수 있다.

따뜻한 가사를 들으면
친절과 도움을 베푸는 사람이 된다

평소에 친사회적인 가사의 노래를 들으면 곤경에 빠진 사람을 봤을 때 즉시 도움의 손길을 뻗기 쉬워진다. 곤란할 때 도움을 받아서 기분 나빠하는 사람은 없다. 계속 친절을 베풀수록 나에 대한 평가도 급상승할 것이다.

이를 위해서 평소에 친사회적인 인간이 될 수 있도록 그런 가사의 노래도 많이 들어 두면 좋지 않겠는가?

🌡 **KEY Point** ────────────────

따뜻한 말에는 마법 같은 효과가 있다.

40

경제학을
공부하지 마라!

 # 인간관계 비용의 법칙

"경제학을 공부하면 냉정한 인간이 될 수도 있어."
"이성적인 학문을 하더라도 계산적이 되지 않도록 조심해."

경제학 선생님이 들으면 화낼 듯하지만, 좋은 사람이 되고 싶다면 경제학 서적은 별로 읽지 않는 편이 좋을 것이다. 그 이유는 경제학 공부를 하면 냉정한 사람이 되기 때문이다.

경제학이라는 학문이 매우 합리적이고 이성적인 학문이기는 하지만, 그런 공부를 하다 보면 아무래도 이기적이고 계산적인 인간이 되는 모양이다. 그래서 경제학 공부는 적당히 하는 편이 좋을 수 있다.

인간관계에 드는 비용을
계산하는 사람들

미국 코넬대학교의 로버트 프랭크Robert H. Frank는 '경제학을 공부하면 냉정한 인간이 되지 않을까?'라는 가설을 세우고 이 가설을 검증하는 연구를 진행했다.

그는 대학교수 1,245명에게 설문지를 보내서 '당신은 자선단체에 연간 몇 달러 정도를 기부하는가?'라고 물어보았다. 설문지를 보낸 교수들의 전공은 다양했다.

그 결과 경제학자는 '1달러도 기부하지 않는다'는 사람이 무려 9.3퍼센트나 됐다. 자연과학, 사회과학, 수학, 컴퓨터공학, 예술 등을 전공한 다른 학자들은 '1달러도 기부하지 않는다'는 사람이 2.9퍼센트에서 4.2퍼센트였는데 말이다. 경제학자만 다른 학문을 전공한 사람에 비해 유독 기부하지 않는 차가운 마음을 가졌다는 사실을 알 수 있었다.

남에게 친절히 대하려면 그만큼 자신의 노력과 시간을 들여야 한다. 그런 의미에서는 비용이 매우 많이 든다고 할 수 있다. 남에게 호감을 얻으려면 모두를 위해서 기념품을 산다거나 하는 일도 있는데 이 역시 비용이 든다.

경제학 공부를 하다 보면 이런 인간관계에 드는 비용이 눈에 더 잘 보이게 되는 것은 아닐까?

보답만 바라는 사람이 되지 않도록 주의가 필요하다

경제학자는 어떤 비용을 낼 경우 그에 어울리는 이익이 없으면 어이없게 느낄 것이다. 보답이 없는 일을 하는 것은 완전히 비합리적이라고 생각할지 모른다.

그러나 인간관계에서 보답을 바라는 것은 치사한 일이다. 상대방이 보답을 기대하며 내게 도움을 주는 것도 왠지 불쾌하다. 도움을 줄 거라면 보답을 바라지 말고 기분 좋게 도와주기를 바라는 사람이 더 많을 것이다.

경제학을 공부하는 사람은 이러한 측면이 있다는 점을 알고, 공부를 하더라도 자신이 계산적으로 변하지 않도록 주의하는 편이 좋겠다.

🌡 **KEY Point** ——————————————————————————

합리적이고 이성적인 것은 때로 냉정함이 된다.

기온 때문에
짜증이 난다?

"왠지 모르겠지만 무턱대고 짜증이 난다."

"나쁜 뜻은 없겠지만 사소한 발언으로도 화가 난다."

"점원이 즉시 처리해 주지 않아 참을 수 없다."

이처럼 아주 사소한 일이라도 짜증 나는 날이 있다. 인간이라면 누구나 그런 날이 있을 것이다.

그러나 인간이라면 누구나 그런 것이니 너무 신경 쓰지 않아야 한다. 특별히 자신이 화를 잘 내거나 성미가 급하기 때문이라서가 아니다. 이유 없이 짜증 나는 날은 누구에게나 있는 법이다.

기온을 예로 들어 보겠다. 기온이 높고 푹푹 찌는 날에는 아무래도 짜증이 나고 사소한 일을 계기로 감정이 폭발하는 경우가 많다. 기온이 상승함에 따라 각종 범죄가 증가한다는 연구 결과도 많다. 일반인이라도 기온이 높으면 기분이 언짢아져서 나쁜 행동을 하게 되는 것이다.

심리적인 면을 단련하기도 하는 운동선수도 마찬가지다. 미국 텍사스공과대학교의 커티스 크레이그Curtis Craig는 미식축구NFL 2,326번의 경기에서 나온 반칙과 기온의 관계를 조사해 보았다.

그 결과, 기온이 높을수록 홈 팀이 반칙을 많이 한다는 사실이 밝혀졌다(원정 팀에서는 늘지 않았다). 아마 홈에서 하는 경기라서 기분이 고조된 상태에 높은 기온이 더해지자 반칙을 일으킨 것이 아닐까 한다.

이처럼 한여름이나 폭염인 날은 조금 짜증이 나더라도 매우 평범한 생리현상이므로 지나치게 신경 쓰지 말자.

또 하나 조언하자면 일기예보를 보고 내일 기온이

신경 끄기 연습

높을 거라고 예상될 때는 '내일은 의미 없이 짜증 날 것 같으니까 조심해야지'라고 자신을 미리 타이르는 것도 중요하다. 그렇게 하지 않으면 기온이 높은 날마다 자연스럽게 기분 나쁜 인간으로 변모할 수 있다.

따라서 기온이 높은 날이라면 누군가와 만날 약속을 할 때도 주의해야 한다.

미리 자신이 짜증을 낼 것 같다고 예상해 놓으면 짜증 나는 감정에 휘둘리지 않는다.

마찬가지로 기온이 높은 날에는 누구나 짜증을 낸다고 미리 예상하고 있으면 누군가가 실례되는 말을 해도 별로 화를 내지 않고 웃어넘길 수 있을 것이다.

5장

"
어떻게 해야
후회하지
않을까?
"

신경 끄기 연습 5:
사소한 것 떨치기

□ 나쁜 운세를 듣고도 자꾸 점이나 운세를 보게 된다.

□ 나에 대한 평가를 수소문하기를 멈출 수 없다.

□ 꼭 가르쳐야 하는 일도 엄격하게 가르치지 못하는 편이다.

□ 내 선택이 틀리지 않았나 계속해서 고민한다.

□ 생각하고 싶지 않은 일만 떠오르는 걸 멈출 수가 없다.

□ 다른 사람들이 나에게만 심하게 대하는 것 같다.

□ 타인을 직접 만나는 일이 부담스럽다.

해당하는 항목이 있다면
사소한 것을 떨치는 방법을 연습해야 한다.

41
당장
점 보기를 멈춰라

나쁜 말 법칙

"오늘의 운세 같은 건 보지 않는 게 더 좋아."
"나쁜 말을 들으면 그렇게 될 것 같은 암시가 걸릴 수 있어."

남이 한 말에 지나치게 신경 쓰는 사람은 점을 보지 않는 편이 좋다. 나쁜 말을 들으면 지나치게 신경 쓰기 때문이다. 처음부터 점을 보지 않으면 우울해질 일도 없다.

오늘의 운세 같은 건 피하고 다른 걸 보면 좋다. "당신의 오늘 운세는 최하입니다"라는 말을 보거나 들으면 아침부터 기분이 나빠진다.

'점은 애초에 속임수고, 근거도 없으며, 단순한 놀이기 때문에 결과를 봐도 안 믿으면 그만이다'라고 생각하는 사람도

있을 텐데, 인간이라는 존재는 그런 식으로 쉽게 단정 짓기
어렵다.

나쁜 말을 하면 신경 쓰고, 좋은 말을 하면 거짓임을 알더
라도 그 말을 믿어서 기분이 좋아지기도 하기 때문이다.

점은 과학적인 근거가 거의 없고 매우 이상한 이론을 근거
로 한다. 그렇다고 해서 아무 효과도 없는가 하면 또 그렇지
도 않다.

점에는 자기 암시 효과가 있다. 만약 점괘에서 '당신은 ○
○다'라고 하면 그 말에 근거가 없더라도 우리는 자기 암시
로 '그래, 난 ○○야'라고 느낀다. 이처럼 자기 암시에는 매우
강한 효과가 있다.

점은
자기 암시 효과가 강하다

미국 스탠퍼드대학교의 마갈리 클로버트Magali Clobert는 별
점의 결과로 사자자리의 사람들에게 '사자자리는 창조성이
뛰어나다'고 말했다. 그런 다음 창조력을 측정하는 테스트를
하자 정말로 창조력의 점수가 높아졌다.

이처럼 점은 속임수라도 자기 암시는 속임수가 아니다. 분명히 자기 암시 효과가 있으므로 주의하기 바란다.

점의 좋은 내용만
알려 달라고 한다

점을 봤는데 '당신은 낯을 가린다'는 말을 들으면 아무리 노력해도 낯을 가리기 일쑤다. '점은 좋은 것만 믿으면 된다'는 사람도 있는데 그 결과가 자신에게 좋은지 나쁜지 판단하려면 아무튼 점을 봐야 한다.

점을 보면 나쁜 결과도 함께 알게 된다. 그러면 나쁜 자기 암시가 작용할지도 모른다. 많은 사람이 점을 가볍게 보는데 실제로는 매우 무섭다고 생각해야 한다.

나는 운세 뽑기를 해도 직접 읽지 않는다. 먼저 아내에게 보여 주고 좋은 것만 알려 달라고 한다. 설령 엄청 좋은 내용이 아니라도 조금은 좋은 내용이 적혀 있게 마련이므로 그것만 알면 충분하다.

🌡️ **KEY Point** ─────────────────────────────

좋은 말에 감화되는 것처럼, 나쁜 말에도 감염이 된다.

42
왜 자꾸 나에 대한
평가를 찾게 될까?

 # 에고 서핑

"내 평판 들으면 기분만 나쁘지, 뭘."
"애초에 알려고 하지 않으면 될 텐데…."

검색 엔진 등을 사용해서 자신의 평판이나 소문 등을 조사
하는 것을 '에고 서핑egosurfing'이라고 한다.

'다른 사람들이 나를 어떻게 생각할까?'
'혹시 나는 미움을 받는 걸까?'
'직장 사람들은 나를 어떻게 평가할까?'

이런 것을 신경 쓰는 것은 인간의 천성이다.

에고 서핑을 하고 싶은 마음은 충분히 이해할 수 있다. 그래도 역시 에고 서핑은 안 하는 편이 낫다. 좋은 평가를 발견하면 기쁘겠지만 무심코 나쁜 평판을 발견하면 좌절하기 때문이다.

인터넷에서 비방당하는 것에 고통스러워하며 자살하는 연예인도 있는데, 그 정도로 낙담하게 될 수도 있다. 나쁜 말을 들으면 누구나 크게 상처를 입는다.

나에 대한 나쁜 평가는
자신이 싫어지도록 할 뿐이다

미국 텍사스대학교의 제니퍼 비어Jennifer S. Beer는 실험 참가자의 사진을 찍은 다음 그 사진을 판정단 10명(남녀 5명씩)에게 보여 준 결과를 피드백했다.

그 피드백은 속임수였다. 미리 그녀가 준비해 놓은 것인데, 어떤 사람에게는 "당신은 10명 중 6명에게 미움을 받았다"라고 알리고, 다른 사람에게는 "당신을 싫어하는 사람은 한 명도 없었다"라고 알렸다.

그리고 자신의 성격에 관해 평가하게 하자 자존심에 상처를 입은 사람은 자신의 성격을 나쁘게 평가한다는 사실을 알 수 있었다. 다른 사람에게 나쁜 말을 들으면 자기 자신을 싫어하게 된다는 사실이 제니퍼 비어의 실험으로 밝혀졌다고 할 수 있다.

애초에
원인을 만들지 않으면 된다

'그 사람은 건방져서 화가 난다'는 평판을 발견하면 회복하지 못할 정도로 좌절하게 될 수도 있다. 이는 누구나 마찬가지다.

그럼 어떻게 해야 낙담하지 않을 수 있을까? 쉬운 말로 하자면, 애초에 에고 서핑을 안 하면 그만이다. 자신의 평판 등을 조사하지 않으면 침울해질 일도 없다.

앞에서 점을 보지 않는 편이 좋다고 조언했는데, 에고 서핑도 안 하는 편이 좋다고 거듭 조언하고 싶다. 둘 다 자신의 기분을 나쁘게만 만들 뿐이다.

🌡️ **KEY Point** ────────────────────

때로는 모르는 게 약이다.

43

해야 할 일을 하는 거라고
생각해야 하는 이유

 # 엄격함의 법칙

"부하 직원에게 똑 부러지게 말해야 할 때도 있어."
"적당히 엄격한 건 장점이 될 수도 있지."

남의 위에 서는 사람은 때때로 마음을 모질게 먹어야 할 필요가 있다. 부하 직원이나 팀 멤버를 위한다면 엄격하게 지도해야 할 때도 있기 때문이다.

부하 직원에게 호감을 얻으려고 눈치를 살피기만 하고 "좀 더 ○○해!"라고 지도하지 못하면 감당하기 어려워질 수도 있다.

그렇지만 부하 직원을 지도할 때마다 '아, 미움을 샀을 거야', '좀 더 친절하게 말할걸'이라며 침울해 하는 사람도 있다. 성격이 너무 다정해서 엄격한 지도를 할 때마다 마음이 아프다면 '엄격하게 할 때도 있어야 한다'라고 자신을 타일러 보기를 바란다.

해야 할 일을 하는 것뿐이라고 생각하면 지나치게 신경 쓰는 일도 없다.

행동이 정당화되면
죄책감이 줄어든다

114쪽에서 소개한 브래드 부시먼은 미국 미시간대학교의 교수로 재직할 때 재미있는 실험을 진행했다. 대학생 248명을 각각 짝을 지어 경쟁하게 한 후 이긴 쪽이 진 쪽에게 강렬하고 불쾌한 소리를 헤드폰으로 들려주는 실험을 해 보았다.

상대방에게 주는 소리의 강도는 60데시벨(매우 약하다)에서 105데시벨(꽤 강렬하다)까지 있고, 원하는 강도를 선택할 수 있었다. 하지만 대부분은 짝을 이룬 상대에게 매우 약한 소리만 들려주려고 했다. 상대방이 싫어하는 행동을 하면 양심의 가책을 받기 때문이다.

그런데 처벌이 정당화된다는 《성경》의 한 구절을 실험 전에 읽은 그룹에서는 매우 강하고 불쾌한 소리를 상대방에게 들려준다는 사실을 알았다. 자신의 행동을 정당화할 수 있으면 양심의 가책을 덜 느낀다는 걸 알 수 있었다.

엄격함이 장점이 될 때도 있다

만약 사람이 지나치게 좋아서 지도를 하는 데 주저한다면 일단 상사는 때로 엄격할 수 있다는 점을 자신에게 이해시키면 좋다. 《상사가 귀신같아야 부하가 움직인다》 같은 책을 읽어 볼 것을 추천한다. 성격이 착해서 엄격하게 지도하지 못하는 사람에게는 그야말로 새로운 깨달음을 느끼게 하는 책이다.

나도 솔직히 말하자면 호감을 얻고 싶다는 마음이 강해서 그다지 엄격하게 지도하지 못하는 사람이다. 하지만 이런 종류의 책들을 읽고 생각을 바꾸었다. 엄격한 지도에도 자신감을 가질 수 있을 것이다.

KEY Point ───────────────────

다정한 것과 눈치를 보는 것은 다르다는 걸 기억하자.

44

한번 결정하면
바꾸지 마라

결정 불변의 법칙

"결정을 번복하다 보면 오히려 후회하게 돼."
"차라리 한번 결정하면 뒤돌아 보지 말자."

혹시 일단 결정한 일이라도 나중에 마음에 들지 않으면 언
제든지 변경할 수 있는 편이 좋다고 생각하는가? 하지만 그
생각은 틀렸다.

네덜란드 레이던대학교의 로티 불런스Lottie Bullens가 연구
한 결과에 따르면, 오히려 나중에 결정을 바꿀 수 없을 때 후
회하지 않고 만족도가 더 높아진다고 한다.

여러 가지 선택 사항이 있으면 다른 것에 관심이 쏠리고

만다. 일단 결정한 후라도 '아니야, 다른 쪽이 더 나으려나?' 하고 고민하는 마음이 계속 풀리지 않는다.

그럴 정도라면 처음부터 다른 선택 사항이 없어서 나중에 결정을 변경할 수 없어야 깨끗이 단념할 수 있고 만족도도 높아진다는 것이 로티 불런스의 주장이다.

결정을 바꿀 수 없어야 행복하다?

결정을 바꿀 수 없을 때 오히려 행복해질 확률이 높아진다는 사실이 역설적이기는 하다. 하지만 배수의 진을 친다고 해야 할까? 일단 결정하면 두 번 다시 망설이지 않는다는 규칙을 나름대로 정해 놓으면 좋다. 그래야 피곤하지 않다.

예전에는 일단 기업에 취직하면 이직하지 않고 그대로 정년까지 근무하는 것이 일반적이었다. 그만두고 싶어도 그만두지 못하는 풍조 같은 것들이 있었다.

그럼 예전의 직장인들은 모두 불행했을까? 딱히 그렇지도 않다. 하기 싫은 일이라도 계속하다 보면 나름대로 이 일이 재밌다고 느낄 수 있다. 때로는 천직이라는 생각까지 했을 것이다.

요즘 시대는 마음에 들지 않으면 얼마든지 이직할 수 있다. 그러나 다른 회사나 업종에 관심이 가서 이직하는 사람은 정말로 행복할까?

언제든지 이직할 수 있는 시대가 되었지만, 오히려 불행해진 듯한 느낌이 든다. 적어도 로티 불런스의 주장을 근거로 하면 그렇게 예상할 수 있다.

스스로
규칙을 정하자

결혼도 마찬가지다. 과거에는 일단 결혼하면 이혼하기 어려운 문화가 있었다. 그래도 어느 부부나 적당히 만족하며 살았다. 일단 결정하면 바꿀 수 없을 때 만족도가 높아지기 때문이다.

한번 결정하면 더는 바꾸지 않는다고 스스로 규칙을 정해놓는 것도 좋은 방법이다.

🌡 KEY Point ─────────────────

여지를 남기지 않으면 후회도 없다.

45
2분 만에 기분 나쁜 생각에서 벗어나는 방법

 # 집중력 효과

"기분 나쁜 일이 많아질 때는 다른 데 집중해 보자."
"시각적으로 한 군데에 집중하면 생각을 잊는 데 도움이 돼."

불쾌한 일만 머릿속에 떠오를 때 우리는 '더는 그런 생각을 하지 말아야 해'라며 자신을 속으로 설득하려고 한다.

하지만 이 작전은 대체로 실패한다. 더는 생각하지 않겠다고 다짐할수록 오히려 그 생각이 머릿속에서 떠나지 않는다. 그럼 어떻게 해야 기분 나쁜 생각에서 벗어날 수 있을까?

이럴 때는 생각하지 않겠다고 하지 말고 대상 하나를 정해서 가만히 응시하라. 볼펜 끝이든 집의 벽에 걸려 있는 시계든, 하늘의 구름이든 뭐든지 상관없다.

가만히 응시하다 보면 신기하게도 부정적인 생각이 머릿속에 잘 떠오르지 않는다. 다른 일에 집중하면 쓸데없는 일이 생각나지 않는 법이다.

응시하고 집중하는
행동의 효과

미국 텍사스대학교의 벤자민 베어드Benjamin Baird는 대학생 79명을 모아서 절반의 그룹에게는 '헤어진 연인만은 생각하지 말라'고 했다. 헤어진 연인이 조금이라도 머릿속에 떠오르면 컴퓨터의 스페이스 바를 누르라고 지시했다.

나머지 절반에게도 '헤어진 연인만은 생각하지 말라'고 하고 동시에 컴퓨터 화면의 한 점을 계속 응시하라고도 전했다. 한 점을 응시하다가 그래도 머릿속에 헤어진 연인이 떠오르면 스페이스 바를 누르라고 요청했다.

그 결과 실험 시간 중에 스페이스 바를 누른 횟수는 다음의 그래프와 같았다.

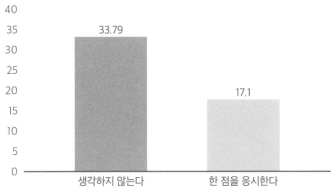

생각하지 않도록 하면 오히려 머릿속에 떠오른다

40
35   33.79
30
25
20   17.1
15
10
5
0
    생각하지 않는다   한 점을 응시한다

수치는 실험 중에 스페이스 바를 누른 횟수(출처: Baird, B., et al., 2013)

그냥 생각하지 않도록 하면 한 점을 응시하며 생각하지 않도록 한 그룹보다 약 두 배나 많이 머릿속에 떠오른다는 사실을 잘 알 수 있는 데이터다.

호흡도 응시와 같은 효과가 있다

이처럼 부정적인 생각이 머릿속에 떠올라서 고민한다면 한 점을 응시해 보면 좋다.

선의 세계에서는 좌선 중에 여러 가지 쓸데없는 일을 생각하는 수학자에게는 선사가 "호흡에 집중하세요"라고 조언한다고 한다.

호흡에 집중하는 것도 한 점을 응시하는 것과 같다. 둘 다 한 가지에 주의를 기울인다는 뜻이므로 호흡에 집중하는 방법도 좋을 수 있다.

KEY Point ─────────────────────

시각적 집중으로도 부정적인 생각을 몰아낼 수 있다.

46

기분을 전환하는
가장 쉬운 방법

 # 손 씻기 효과

"손 씻기로도 답답한 마음을 씻어 낼 수 있어."
"긴장하거나 불안할 때도 손을 씻어 보자."

코로나 바이러스가 세계적인 팬데믹을 일으킨 후 손을 씻는 사람이 늘어났다. 이는 감염 예방을 위해서 좋은 일이다. 그런데 손 씻기에는 감염 예방 외에도 훌륭한 심리 효과가 있다는 사실을 아는가? 바로 답답한 마음을 깨끗이 날려 버리는 효과다.

'나쁜 일을 했어', '내 말이 지나쳤을지 몰라' 이러한 죄책감이나 답답한 마음이 있을 때는 손을 씻으면 효과가 있다. 그렇게 하면 마음도 상쾌해진다.

나쁜 짓을 하던 사람이 후에 잘못된 마음을 바르게 고치는 것을 손을 씻는다고 표현하는데, 현실적으로도 손을 씻으면 마음까지 깨끗해지는 모양이다.

죄책감을 얼마나 느끼는가에 관한 실험

이스라엘 예루살렘히브리대학교의 이얄 카란스로프Eyal Kalanthroff는 대학생 37명에게 자신이 저지른 부도덕한 행위를 생각해 종이에 적게 했다. 이는 죄책감을 높이기 위한 조작이다.

그런 다음 절반의 그룹에게는 손을 씻게 했다. 비교를 위한 제어 그룹에는 손 씻기를 시키지 않았다.

그리고 '불쾌함', '후회', '죄책감', '부끄러움' 등의 점수를 매기게 하자 손을 씻은 그룹일수록 점수가 낮아진다는 사실을 알았다.

손을 씻으면 마음도 상쾌해진다는 점을 이얄 카란스로프가 밝힌 것이다.

긴장이나 불안에도
효과가 있다

이 실험에서는 죄책감만을 다루었지만, 긴장이나 불안도 똑같이 손을 씻으면 사라질 수도 있다. 다만 아직 검증되지는 않았다.

하지만 나는 세미나나 강연회에서 긴장으로 떨려서 참을 수 없을 때는 화장실에서 잠시 흐르는 물에 손을 씻는다. 그렇게 하면 마음이 진정되는 걸 경험적으로 배웠다.

어쩌면 손 씻기에는 부정적인 감정을 떨쳐 내는 데 유용한 심리 효과가 있을지 모른다.

 **KEY Point** ───────────────────────────

물리적인 행동으로도 마음을 다스릴 수 있다.

47

차라리 반성하지 않는 게
나은 이유

죄책감의 법칙

"죄책감이 없어지면 친절하려는 의지도 낮아진다는데…."
"자신을 경계할 수 있는 마음을 남겨두는 게 좋겠어."

기독교에는 자신이 저지른 죄의 잘못을 솔직히 이야기한
다는 참회와 고해라는 의식이 있다. 신자들은 참회해서 마음
의 무거운 짐이 사라진다.

하지만 마음의 짐이 사라지는 것에는 생각지 못한 함정이
있는 것을 기억해야 한다. 마음이 상쾌해지면 다른 사람에게
친절하게 대하려고 생각하지 않는다. 마음속에 죄책감이 있
어야 미안하다는 기분이 들어서 다른 사람에게 친절을 베풀

려는 마음이 생긴다.

그런데 참회해서 마음이 상쾌해지면 더는 다른 사람에게 친절을 베풀 필요성을 느끼지 못한다. 섣불리 참회해서 혼자만 마음이 후련해지면 오히려 냉정한 인간이 될 수 있다는 위험도 있다. 특히 남성은 더 그럴 수 있다는 점을 꼭 기억해 두자.

참회하면 자선에 대해 잊어버린다

미국 뉴멕시코대학교의 메리 해리스Mary B. Harris는 성당에서 실시하는 고해성사 시간에 찾아온 남성 74명, 여성 99명을 대상으로 몰래 실험을 시도했다.

그 실험은 "마치 오브 다임스March of Dimes(엄마와 아기의 건강을 위해 활동하는 비영리단체)에 기부해 줄래?"라고 부탁하는 실험이다.

단, 말을 거는 타이밍은 사람마다 다르다. 어떤 사람은 성당에 들어오기 전에 말을 걸고, 다른 사람은 성당에서 나왔을 때 붙잡아서 말을 걸었다.

성당에 들어가기 전에는 아직 참회하지 않았으므로 죄책 감이 높다고 생각할 수 있다. 반대로 성당에서 막 나온 사람 은 답답한 마음이 가셔서 개운할 것이다.

그럼 단체를 위해서 기부한 사람의 비율은 얼마나 됐을까? 조사해 보니 남성은 성당에 들어가기 전에 76퍼센트가 기부 했는데 성당에서 나온 사람은 19퍼센트만 기부했다. 아직 참회하지 않아서 마음이 답답한 사람은 다른 사람을 위해서 기꺼이 제 돈을 내어 준다는 사실을 알 수 있다.

여성은 성당에 들어가기 전에 기부한 사람이 24퍼센트였 고 성당에서 나온 사람은 19퍼센트로 참회하기 전과 후에 큰 차이가 없었다.

참회하지 않는 편이 차라리 낫다?

남에 대한 자선의 마음을 잊을 정도라면 차라리 참회하지 않는 편이 나은 듯하다.

꼭 신부님이나 목사님에게 참회하지 않더라도 친구나 선 배 등을 상대로 참회와 비슷한 고민 상담을 하는 경우가 있

신경 끄기 연습

다. 그러나 그렇게 해서 마음이 후련해지기보다 오히려 조금
은 죄책감이 있는 상태로 지내야 경계하고 남을 도우려는 마
음을 잊지 않을 것이다.

🌡️ **KEY Point** ────────────────────────────

참회와 친절함은 관계가 있다.

48

분위기를 변화시키는
가장 간단한 방법

각도의 법칙

"고개를 숙이는 것만으로도 어두운 인상을 줄 수 있어."
"턱을 올리면 인상이 훨씬 밝아 보일 거야."

자신은 평범하게 행동하는데 주위 사람들이 "저 사람은 어두워", "나까지 기분이 우울해져"라고 평가할 때가 있다. 일부러 그럴 생각은 없었기 때문에 이런 평가를 들으면 퍽 당황스럽다.

그렇지만 자신만 깨닫지 못할 뿐이지 주위 사람에게 어두운 기운을 뿌리고 다녔을 가능성이 없다고 할 수 없다. 그중하나가 턱의 각도다. 턱의 각도가 조금 달라지기만 해도 주위 사람에게 주는 인상이 싹 달라진다.

주위를 밝은 분위기로 만드는 사람은 모두 턱을 조금 올린다. 턱을 조금 올리는 것만으로도 인상이 밝아진다. 이는 누구든지 마찬가지이므로 자신이 음침한 분위기를 감돌게 할지도 모른다고 생각하면 평소에 의식해서 턱을 조금 올리는 행동을 해 보기 바란다.

얼굴에 빛을 많이 비추자

독일 야콥스대학교의 아비드 카파스Arvid Kappas는 턱의 각도를 다양하게 바꾼 얼굴 사진을 사용해서 어떤 인상을 주는지 조사해 보았다.

그 결과, 턱을 올리면 '행복해 보인다', '밝다'라는 인상을 주는 것을 알 수 있었다. 반대로 턱을 내린 얼굴은 '슬퍼 보인다', '어둡다'는 인상을 주는 것도 밝혀 냈다.

턱을 올리면 왜 밝아 보일까? 얼굴에 빛이 많이 닿게 되기 때문이다. 얼굴에 빛이 닿아서 빛나 보이는 것이다.

일본의 전통극 세계에서는 배우가 얼굴을 올리는 것을 '얼굴에 빛을 비춘다'고 하며 고개를 숙이는 것을 '어두운 표정을 짓는다'고 한다. 이 전통극에서 사용하는 목각 가면은 목각이기 때문에 표정이 달라지지 않을 것이다. 그런데 턱의 각도에 따라 웃는 것처럼 보이거나 우는 것처럼 보인다.

평판에도 좋지 않고
건강에도 좋지 않다

어쩐지 어두운 것 같다는 평가를 듣는다면 턱의 각도가 좋지 않을 수 있다. 고개를 숙이면서 자신도 모르는 사이에 그런 분위기가 나타나는 것이다.

최근에는 스마트폰 화면만 보는 탓에 거북목이 된 사람도 많다. 고개를 숙인 채로 있으면 목도 아프고 주위 사람들도 나쁘게 평가해서 좋은 일이 하나도 없다. 역시 스마트폰도 적당히 사용하도록 하자.

🌡️ **KEY Point** ─────────────────

분위기를 밝게 만들어 줄 턱의 각도를 기억하자.

신경 끄기 연습

49
차별하는 마음이
있음을 인정해라

헤일로 효과

"사람은 호감 가는 사람을 더 좋게 평가하는 경향이 있어."
"나쁜 이미지를 가진 사람도 어울리다 보면 좋아질 수 있지."

'그 사람만 대접해 주고 나에게는 심한 태도를 보인다', '그가 발언하면 모두 찬성하는데 내가 발언하면 늘 반대하기만 한다' 이런 생각이 드는 경우가 종종 있다. 우리가 남을 평가할 경우 일종의 외향적 특징에 따라 우리의 인지도 달라지기 때문이다.

귀여운 사람이나 잘생긴 사람이 무슨 말을 하면 그 내용에 상관없이 매우 좋은 의견처럼 생각되는 것도 외모라는 특징에 따라 우리의 인지가 왜곡되기 때문이다.

인지 왜곡을 만들어 내는
헤일로 효과

미국 프린스턴대학교의 지바 쿤다 Ziva Kunda 는 사교적이라
는 것을 알 수 있는 인물의 프로필을 읽게 하고 인상을 물어
보았다.

그런데 그 인물이 자동차 영업사원이라고 알려주면 "목소
리가 클 것 같다", "수다쟁이 같다"라고 나쁘게 평가하고, 배
우라고 알려주면 "남을 즐겁게 하는 일을 좋아할 것 같다"라
고 좋게 평가한다는 사실을 알았다.

이 실험은 그 사람이 어떤 직업인가에 따라서도 인지가 왜
곡되는 것을 보여 주었다.

또한 학력으로도 사람의 인지는 달라진다. 고학력인 사람
은 아무리 시시한 이야기를 해도 '왠지 모르게 지적이다'라고
느끼며, 중학교만 나온 사람은 아무리 고상한 의견을 말해도
'어이없는 헛소리'로 일축한다.

이러한 인지 왜곡은 '헤일로 halo 효과'라고 한다. 호감이 가
는 특징을 가진 사람은 여러 면에서 좋게 평가하지만, 호감
이 가지 않는 특징을 가지면 여러 면에서 차별을 받기 쉬워
진다.

차별은
스스로 인식하기 어렵다

이러한 인지 왜곡은 스스로 어떻게 하기는 어렵다. 남들이 나쁘게 평가하면 불합리하다고 느낄 때가 있는데, 인간의 인지는 원래 심하게 왜곡되어 있으므로 그냥 그렇다고 생각하는 수밖에 없다.

실제로 이 세상에는 나이와 성별, 외모와 학력 등 차별이 얼마든지 존재한다. 그런 이유로 불합리한 취급을 받았다고 해도 그건 그 사람이 나쁘다는 뜻은 아니라는 점을 꼭 기억해 두기 바란다.

한동안 잘 어울리면 차별적인 인식이 바뀔 수도 있다. 처음에는 나쁜 이미지를 가지더라도 나름대로 깊게 어울리다 보면 '뭐야, 꽤 좋은 사람이잖아'라고 상대방의 인상이 달라질 수도 있으니 그때까지는 한번 참아 보는 것도 괜찮지 않을까?

🌡️ KEY Point ─────────────────────────

사람의 배경에 따라 태도가 변화할 수 있다는 걸 인지하자.

50
직접 얼굴을 마주하는 게
효과적인 이유

 # 만남의 효과

"얼굴을 보고 얘기하면 설득력이 더 높아져."
"사람을 만나는 수고와 시간을 아끼지 말자."

신종 코로나 바이러스로 사회의 디지털화가 단숨에 진행
되었다. 지금은 재택근무나 원격근무가 많아졌다. 일부러
회사에 나가지 않아도 되는 사람도 있을 것이고, 대화도 메
일이나 온라인으로 하는 경우가 늘었을 것이다.

사람을 만나지 않아도 되어 귀찮은 일이 사라졌다고 기뻐
하는 사람도 많은데, 인간관계에서는 사소한 문제를 일으킬
수 있다. 인간관계는 직접 대면했을 때 서로에게 친밀감을

느끼기 쉬워서 더 사이좋게 지낼 수 있기 때문이다.

대면 협상이 가지는
가장 큰 장점

미국 일리노이주에 있는 드폴대학교의 앨리스 스툴마허 Alice F. Stuhlmacher는 대면으로 진행되는 협상과 가상 협상(메일, 전화 등)을 비교 연구했다.

그 결과, 대면 협상은 적대적이기 어려워서 우호적으로 진행되는 것을 알았다. 그래서 대면 교섭이 양쪽의 이익도 높아지기 쉬웠다. 원격 협상의 경우 사이가 좋아지는 데 시간이 걸리고 적대적이기 쉬워서 오히려 일하기 어려워질 수 있다는 문제가 있었다.

메일로 '새로운 기획을 꼭 하게 해 주세요'라고 부탁하기보다 직접 만나서 '꼭 하게 해 주세요'라고 부탁해야 긍정적인 결정이 나기 쉽다.

디지털 시대에도
가장 기본은 변하지 않는다

나는 인간관계가 대면으로 이루어져야 한다고 생각한다.

온라인에서 손쉽게 처리할 수 있는 일이라도 역시 최대한 만나서 하는 편이 낫다. 그래야 서로 친밀해지기 쉽고, 직접 만나기 위한 수고와 시간이 들 수 있지만 일은 성공하기 때문이다.

시대착오적인 말을 하는 것처럼 느끼는 사람도 있을 텐데 아무리 사회가 디지털화하더라도 역시 직접 사람을 만나야 인간관계가 잘 유지된다. 귀찮아하지 말고 가볍게 움직여서 사람과 만날 정도의 좋은 풋워크를 터득해야 한다.

🌡 **KEY Point** ─────────────────────────────

얼굴을 맞대고 쌓는 호감도가 가장 높다.

칼럼 5
다이어트가 심리에 미치는 영향

똑같은 행동을 하는데도 호의적으로 평가를 받는 사람과 나쁘게 평가받는 사람이 있다. 혹시 똑같은 업무를 하는데 어떤 동료만 칭찬받고 자신은 욕만 먹는다고 느낀 적이 있지 않은가?

남들에게서 부정적인 평가를 받을 때가 많다면 자신의 체형이 영향을 미칠 수도 있다. 지나치게 뚱뚱하면 나쁜 평가를 받기 쉬운 경향이 있다는 연구 결과가 있다.

미국 시카고의과대학교의 레지나 핀지토레Regina Pingitore는 남녀 배우에게 부탁해서 취직 면접 영상을 실험적으로 제작했다. 하지만 어떤 배우는 있는 모습 그대로의 표준 체형으로 영상에 출연해 달라고 하고, 어떤 배우는 전문 메이크업 아티스트에게 부탁해서 20퍼센트 정도 비만으로 보이는 상태로 출연하게 했다.

이렇게 해서 완성된 영상을 320명에게 보여 주고 "당신이 인사담당자라면 고용할 것인가?"라고 물었다. 그러자 표준 체형일 때는 7점 만점 중 5.75점이었지만 비만일 때는 4.22점으로 평가가 나빠졌음을 알 수 있었다.

배우는 똑같이 행동하며 면접을 봤지만 단지 조금 살이 찐 것만으로 갑자기 평가가 나빠졌다. 다시 말해 주위 사람들에게서 이런저런 일로 냉대를 받지 않으려면 체형도 어느 정도는 관리해야 한다고 할 수 있을 듯하다.

물론 통통한 체형이라도 남들에게 호감을 얻는 사람은 얼마든지 있다. 그런 사람은 성격이 밝거나 붙임성이 좋아서 누구에게나 싹싹하게 말을 걸 것이다. 그런 사람은 다이어트가 필요 없을 수도 있다.

하지만 일반론으로 말하자면 뚱뚱하다는 이유만으로 나쁜 인상을 줘서 상대방이 냉담한 태도를 보이는 경우가 더 많다.

비만은 건강에도 좋지 않다. 배 둘레가 걱정된다면 다이어트를 해 보는 것은 어떨까? 체형이 달라지면 주위 사람들의 태도도 달라질 것이다.

다이어트를 한다고 해도 폭음과 폭식을 하지 않도록 주의하고 식사를 배부르지 않게 먹거나 날마다 조금씩이라도 운동하는 습관을 들이면 그걸로 충분하다.

무리하지 않는 범위에서 다이어트를 꼭 해 보자. 반드시 깜짝 놀랄 정도로 기분과 자신의 인상까지 달라질 것이다.

6장

> **"**
> # 어떻게
> # 내 삶의
> # 주도권을
> # 잡을까?
> **"**

신경 끄기 연습 6:
단단하게 마음 다지기

☐ 누구에게서든 호감을 얻고 싶다.

☐ 누가 잘해 주면 꿍꿍이가 있는 것 같다.

☐ 나만큼 능력 있는 사람은 별로 없다는 생각이 강하다.

☐ 나보다 잘난 사람을 보면서 비교하는 걸 멈출 수 없다.

☐ 내가 성장하고 있기는 한 건지 의심된다.

☐ 나를 싫어하는 것 같은 사람 때문에 고민이다.

☐ 별 도움이 되지 않는 인맥도 끊기가 어려워 손해를 본다.

☐ 행복함을 느낄 일이 많지 않다.

해당하는 항목이 있다면
단단하게 마음을 다지는 방법을 연습해야 한다.

51

호감을 얻으려고
노력하지 마라

소셜 튜닝 효과

"미움 받을까 걱정하느라 예민해지지 않도록 조심해야겠어."
"좋은 평가를 받고 싶어 전전긍긍하면 정신적으로 피곤해져."

인간이라면 누구에게나 호감을 얻고 싶다는 마음이 있다.
그러나 그 마음이 너무 강해지면 미움을 받는 게 무서워서 지
나치게 예민해지므로 주의해야 한다.

미국 프린스턴대학교의 스테이시 싱클레어 Stacey Sinclair 가
연구한 결과에 따르면, 우리는 자신도 모르는 사이에 친해지
고 싶은 사람의 의견이나 태도를 직접 받아들이며 상대방에
게 맞춘다고 한다.

이러한 현상은 '소셜 튜닝'(사회적 조율)이라고 한다. 스테이시 싱클레어는 특히 상대방에게 호감을 얻고 싶을 때 이현상이 일어난다고 설명했다.

호감을 얻고 싶은 마음이 미치는 영향

호감을 얻고자 하는 마음이 강해지면 우리는 소셜 튜닝 효과로 상대방에게 계속 맞추려고 한다.

호감을 얻고 싶은 마음이 강한 사람은 사실은 담백한 요리를 좋아하더라도 다른 누군가가 "나는 맛이 진한 음식이 좋아"라고 하면 "그래, 나도 그렇게 생각했어!"라며 무심코 맞추려고 한다. 또 실제로는 하고 싶지 않은 일이라도 호감을 얻고 싶은 마음이 있으면 거절하지 못한다.

회사 주위의 쓰레기를 줍고 싶지 않더라도 "봉사활동을 하면 기분이 좋아"라고 누군가 말하면 "맞아"라고 쉽게 동의하고 만다. 물론 속으로는 그런 일을 하고 싶지 않기 때문에 정신적으로는 두세 배 더 피곤하다.

그럼 어떻게 해야 소셜 튜닝이 일어나는 것을 방지할 수 있을까? 단순하게 말하면, 상대방에게 호감을 얻으려는 마음을 억누르는 수밖에 없다.

미움을 받는다고 해도 상관없다고 단정 짓지 않으면 자동적으로 소셜 튜닝이 작동한다. 그렇게 되지 않기 위한 최선은 미움을 받는 것을 별로 두려워하지 않는 것이다.

정신적인 평화와 반비례하는 마음

인사 평가 중 하나로 '360도 평가'라는 것이 있다. 상사가 부하 직원을 평가할 뿐만 아니라 동료나 부하 직원도 상사를 평가하는 방법이다. 하지만 이 360도 평가를 채용해서 실패하는 기업이 많이 나왔다.

그럴 수밖에 없다. 부하 직원이 평가한다고 생각하면 상사도 부하 직원과 친하게 지내려고 하지 지도나 관리에는 소홀해진다.

남들에게 호감을 얻고 싶거나 좋은 평가를 받고 싶은 마음이 커지면 우리는 하고 싶은 말도 하지 못한다.

이렇게 정신적으로 피곤해지고 싶지 않다면 다른 사람의
평가는 아무래도 상관없다고 생각해야 하지 않을까?

KEY Point ————————————————————

상대방의 평가에 전전긍긍하지 말자.

신경 끄기 연습

52
가끔은 차라리
속는 게 낫다

 # 진실 바이어스

"누가 칭찬하면 솔직하게 기뻐하는 버릇을 들여야지."
"차라리 가끔 속는 게 낫지, 너무 의심하지 마~"

누군가가 칭찬해 주면 솔직히 기뻐하면 된다. '뭔가 꿍꿍이
라도 있는 게 아닐까?'라고 진의를 의심하지 않는 건 중요한
부분이다. 남을 의심하면 피곤하기 때문이다.

기본적으로 상대방이 하는 말을 그대로 받아들이는 마음
이 필요하다. 또 원래 우리는 의심하는 마음보다 믿는 마음
이 더 강하다.

이를 심리학에서는 '진실 바이어스'라고 한다.

상대방을 믿어야 사회가 성립한다. 옛날 사람들은 힘을 합

처서 공동으로 작업해야 살아갈 수 있었기에 어떻게든 다른 사람을 믿어야 했다.

따라서 인류는 상대방을 의심하기보다 믿는 마음을 진화시켰다. 지금도 우리 마음에는 그런 생각이 계승되었으며 진실 바이어스가 되어 남아 있다.

진실 바이어스를
잘 사용하자

미국 앨라배마대학교의 티모시 러바인 Timothy R. Levine 은 104명의 연인을 모아서 한쪽이 다른 한쪽에게 질문하게 했다. 그러나 12가지 중 6가지는 거짓말로 답하도록 요구했다. 그 거짓말을 파트너가 알아차리는지 조사하는 실험이다.

그러자 재미있는 사실이 밝혀졌다. "질문 12가지 중 6가지는 거짓말로 답한다"고 미리 양해를 구했는데도 74퍼센트(약 4분의 3)가 "진실을 말했다"고 판단했다.

아무래도 우리에게는 기본적으로 상대방이 진실을 말한다고 믿는 경향이 있는 듯하다.

대부분 사람은 솔직하게 상대방을 믿는데, 그중에는 의심이 깊은 사람도 있다. 이런 사람은 상대방이 무슨 말을 해도

신경 끄기 연습

의심하고, 인간관계도 매우 서투르다.

연인이 "당신을 좋아해요"라고 말해도 "정말로?", "진짜로 좋아해?", "반드시 그렇다는 증거를 보여 줘"라며 집요할 정도로 물어보는 사람이 있다.

"잠깐 급한 일이 생겼다"고 연락하자 '사실은 바람을 피우는 거 아니야?'라며 5분마다 확인 연락을 하면 누구든지 진절머리가 날 것이다. 애정도 곧 식어 버린다.

남을 의심해서 좋을 일은
하나도 없다

상대방이 무슨 말을 해도 솔직하게 있는 그대로 받아들이도록 하자. 이것이야말로 마음이 피곤해지지 않기 위한 최소한의 요령이다.

남을 믿지 못하는 사람은 사회생활을 할 때 엄청 고생할 수밖에 없다. 가끔 속는 일이 생긴다 하더라도 남을 믿는 마음을 늘 유지하도록 유의해야 한다.

 KEY Point ────────────────

때로는 듣는 그대로 믿을 줄도 알아야 한다.

53
자기긍정감이 낮아야
평가가 올라가는 이유

 # 자기긍정감 법칙

"자신감도 적당한 게 좋지!"
"겸손한 게 성공하는 데 더 도움이 될 거야."

최근에 자기긍정감이라는 말을 자주 듣게 되었다. 자기긍
정감이라는 말은 비교적 새로운 용어인데, 예전부터 있는 자
존심이나 자기평가와 거의 비슷한 의미다. 한마디로 '있는
모습 그대로의 자신을 그만큼 좋아할 수 있는가' 하는 개념
을 말한다.

일반적으로 자기긍정감이 높은 건 좋은 일이라고 평가한
다. 하지만 잘 조사해 보면 자기긍정감이 너무 높아도 그다
지 좋지 않다는 걸 알 수 있다.

뭐든지
적당히 높아야 좋다

미국 노스이스턴대학교의 랜들 콜빈 C. Randall Colvin 은 자기 스스로를 평가하고 친구의 평가도 조사했다. 그 결과, 자기긍정감이 친구의 평가보다 웃도는 사람은 대인관계가 서투르다는 사실을 밝혔다.

자기긍정감이 높은 사람은 다른 사람이 보면 '거북한 존재'이고 '역겨운 존재'라서 미움을 받기 쉽다는 점에 주의해야 한다고 밝혔다.

또한 그의 조사 결과에 따르면 자기긍정감이 너무 높은 사람은 심리적 적응도가 낮다는 점도 알 수 있었다. 자기긍정감이 높은 사람은 불만을 잘 느끼거나 감정을 충동적으로 폭발시킬 가능성이 높다고 한다.

있는 모습 그대로의 자신을 긍정적으로 받아들이는 것은 중요하지만, 그래도 지나치게 자신을 좋아하는 것은 생각해볼 문제다. 그런 사람은 자기중심적이 되기 쉽고 주위 사람에게도 미움을 받으므로 좀 더 겸손해져야 한다.

"나는 훌륭한 인간이야!"

"나만큼 멋진 사람은 별로 없을 거야"

이렇게 자기평가를 한다고 하면 심리학적으로는 조금 위험하다고 예상할 수 있다. 자기긍정감이 높은 것은 기본적으로 좋지만 어디까지나 적당한 수준이어야 한다.

낮을수록
좋은 평가도 있다

자기긍정감은 솔직히 말하자면 낮아야 좋은 평가를 받을 것이다. 예를 들어 회사에서 열린 대회에서 표창을 받는 일이 있더라도 "제 힘이 아니에요. 상사인 ○○ 씨가 도와주신 덕택입니다. 저는 정말로 아무것도 하지 않았어요!"라고 겸손한 자세를 보여야 현실적으로 매우 호감을 얻는다.

현대인은 모두 자기도취적인 경향이 강해졌다는 데이터가 있다. 그러나 기본적으로는 겸손함과 신중함을 더욱 갈고 닦아야 성공할 수 있다는 점을 기억하자.

🌡️ **KEY Point** ────────────────────

누구나 겸손한 사람을 더 좋아한다.

54

만족스러운 삶을 사는
최소한의 조건

 # 비교의 법칙

"비교하면서 살다 보면 마음이 너무 힘들어."
"기준을 너무 높은 데 두지 말자~"

세상에는 자신보다 더 뛰어난 재능, 실력, 지능, 외모를 가진 사람이 얼마든지 있다. 가능한 한 자신보다 상위급인 사람과 비교하지 않는 것이 마음을 평온하게 유지하는 비결이라고 할 수 있다.

왜 상위급과 비교하면 안 될까? 그 이유는 분명히 우울해지기 때문이다.

자신이 시시한 존재처럼 느껴져서 살아가는 것이 괴로워

진다. 이럴 거면 차라리 상위급인 사람을 없는 존재처럼 취급하며 아예 비교할 생각을 하지 않는 편이 좋다.

내가 뒤지는 비교라면
하지 않는 게 정답이다

예를 들어 연봉 1천만 엔을 버는 사람이 있다고 하자. 평범하게 근무하는 사람에게는 차고 넘칠 정도로 높은 연봉이다.

하지만 자신의 대학 시절 친구들이 모두 연봉 1억 엔이 넘었다고 하면 어떨까? 분명히 연봉 1천만 엔이라도 자신은 가치가 없다거나 그릇이 작다는 등 좋지 않게 생각할 것이 분명하다.

캐나다에 있는 토론토메트로폴리탄대학교의 스티븐 원트 Stephen C. Want 는 여학생 76명을 두 그룹으로 나눠서 한쪽 그룹에만 늘씬하고 매우 매력적인 여성이 등장하는 TV 프로그램을 보여 주었다. 매력적인 사람과 아무렇지 않게 자신을 비교시키기 위함이다. 다른 한쪽 그룹에게는 TV 프로그램을 보여 주지 않았다.

이렇게 조작한 후에 스티븐 원트는 두 그룹의 여학생 모두에게 "50점 만점에서 자신의 외모에 얼마나 만족하는가?"라

고 물어보았다. 그러자 다음의 그래프와 같은 결과를 얻었다
고 한다.

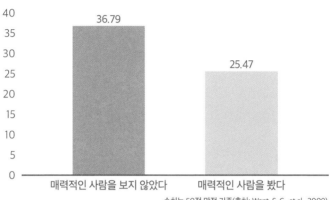

자신보다 상위권인 사람과 비교하면 안 된다

수치는 50점 만점 기준(출처: Want. S. C., et al., 2009)

매력적인 여성을 보여 준 그룹에서는 자신의 외모 만족도
가 상당히 낮다는 점을 알 수 있다.

비교하는 행동에
경각심을 가져야 한다

남과 자신을 비교하면 이것저것 다 신경 써서 고민하기 마
련이다. 그런 마음이 들지 않으려면 처음부터 남과 자신을
비교하지 않도록 바짝 경계해야 한다.

남과 비교할 것 같아지면 '위험해. 그런 생각을 하면 안 돼!'라며 반드시 마음을 다잡기를 바란다.

🔑 KEY Point

비교하지 않으면 누구나 만족스럽게 살 수 있다.

55
차라리 비교하는 게
더 나을 때도 있다

 # 성장의 법칙

"스스로 성장하고 있다고 믿어 보자!"
"과거의 나랑 비교해 보면 뿌듯함이 느껴질 거야."

남과 자신을 비교하면 안 된다고 했는데 딱 하나 괜찮은 대상이 있다. 바로 예전의 자신이다.

괜찮다
당신은 성장하고 있다

캐나다 윌프리드 로리에대학교의 앤 윌슨 Anne E. Wilson 도 그렇게 조언했다. 남과의 비교는 좋지 않지만 예전의 자신과 비교한다면 전혀 문제되지 않는다고 말이다.

그 이유는 대체로 예전의 자신과 비교하면 현재의 자신이 학력이든 업무 기술이든 지식량이든 우위인 경우가 많기 때문이다.

일을 하면 어떻게든 조금이라도 실력이 늘어난다. 일을 하는데 해마다 실력이 떨어지는 경우는 거의 없다. 누구든지 자신만의 기술을 터득할 수 있다.

공부도 마찬가지다. 아무리 능률이 떨어지는 공부법을 따랐다고 해도 공부하면 나름대로 지식량은 늘어난다. 공부할수록 건망증이 생기는 일은 드물다고 봐야 한다.

앤 윌슨의 말에 따르면 이런 이유로 예전의 자신과 비교하면 '지금의 자신은 많이 성장했구나'라고 실감해서 오히려 행복을 느낄 수 있다고 한다.

자신보다 상위급인 사람과 비교하면 좌절하지만, 예전의 자신과 비교하면 성장을 깨닫게 되어 기분이 좋아질 것이다. 그러므로 비교하는 습관을 버리기 어렵다면 예전의 자신과 비교하도록 하자.

과거의 나와 현재의 나를 비교하는
올바른 방법

예를 들어 체력 증진을 위해서 조깅을 시작한 사람이 있다고 하자. 처음에는 2킬로미터만 달려도 숨이 차서 주저앉을 정도였는데 3개월이나 6개월 정도 꾸준히 하면 10킬로를 달려도 그다지 괴롭지 않다고 느낀다.

심폐 능력이 향상된 것을 실감할 수 있다. 또한 그런 노력을 계속하는 자신이 좋아진다. 그래서 예전의 자신과 비교하면 행복해질 수 있다.

하지만 조깅을 시작했다고 해서 아주 예전부터 조깅하던 다른 사람과 자신을 무작정 비교하면 어떻게 될까?

'그 사람은 20킬로미터를 거뜬히 달릴 수 있는데 나는 10분의 1인 2킬로미터도 힘들고 가끔 포기한다. 어쩜 이렇게 꼴사나울까?'라고 생각할 것이 분명하다. 이래서는 의욕도 솟아나지 않는다. 따라서 비교한다면 예전의 자신과 비교하는 것이 좋다.

물론 자신과의 비교도, 스스로 성장했다고 생각하는 지점을 비교하는 것이 중요하다. 젊었을 때는 날씬했는데 지금은 배가 나왔다고 비교하면 우울해지므로 이런 포인트는 비껴가자.

🌡 **KEY Point** ────────────────────────────

성장한 자신을 인정하고 좋아해 주자.

56
모두와 잘 지내겠다는 욕심을 버려도 되는 이유

 # 거리 두기 효과

"날 싫어하는 사람에게 집착하지 말아야지."
"적당히 거리를 두면 더 사이가 좋아질 거야."

누군가를 싫어하는 사람의 눈에는 그 사람의 모든 행동이 불쾌한 법이다. 예를 들어 다른 사람은 "○○ 씨는 늘 붙임성 좋게 웃어서 매력적이다"라고 평가하더라도, 그 사람을 싫어하는 사람은 "언제나 실실거려서 몹시 불쾌하다"라고 평가할 수도 있다. 평가가 완전히 정반대인 경우는 흔히 있다.

인기 있는 연예인도 마찬가지다. 아무리 호감도 연예인 조사에서 상위권에 드는 사람이라도 인터넷에 검색해 보면 심하게 나쁜 말을 쓰는 안티팬이 있다.

싫어하는 사람에게는
뭘 해도 안 된다

미국 캘리포니아대학교의 안토니 프랫카니스Anthony R. Prat-kanis는 로널드 레이건 전 대통령을 호의적으로 평가하는 사람에게 "로널드 레이건의 대학 시절 성적은 평균 몇 점 정도라고 생각하는가?"라고 추측하게 했다. 그러자 많은 사람이 평균 A라고 대답했다.

하지만 매우 싫어하는 사람들에게 똑같이 추측하게 했더니 평균 C라고 대답하는 것을 확인했다(참고로 로널드 레이건의 실제 대학 시절 성적은 평균 C였다).

싫어하는 사람에게는 그 사람의 모든 것이 나쁘게 보이는 모양이다. 그러므로 싫어하는 사람에게는 무슨 말을 해도 소용없다. 아무리 말을 잘해도 어차피 나를 싫어하는 사람이 냉정하고 객관적으로 판단할 리가 없다. 애초에 싫어하기 때문에 어떻게 말해도 소용없다.

따라서 자신을 싫어하는 사람에게는 최대한 다가가지 않도록 하는 수밖에 없다. 업무적으로 엮여서 어떻게든 함께해야 하더라도 될 수 있는 한 말을 걸지 않거나, 꼭 필요하다면

　　　　　　　　　　　　　　　　　　신경 끄기 연습

사무적으로만 말을 걸면서 사이좋게 지내겠다는 생각을 하지 않는 게 낫다.

적당한 거리감이
관계를 안정적으로 만든다

'인류는 한 가족, 우리는 모두 형제'라는 말이 이상적이기는 하다. 그러나 현실적으로 모든 사람과 사이좋게 어울리는 일은 말도 안 된다.

한정된 시간과 공간이라면 자신에게 호의적인 사람하고 어울리며 생리적인 혐오감을 보이는 사람과는 최대한 거리를 두는 것이 서로에게 좋지 않을까?

자신의 의견에 대해 사사건건 반대하는 사람이 있다면 '그렇구나, 이 사람은 나를 싫어하는구나'라고 생각해서 그 사람에게 어떠한 말도 하지 않는 게 좋다. 아무리 훌륭한 의견을 말해도 그 사람이 받아들이는 일은 절대로 없을 테고, 어쩌면 다툴 빌미만 제공하게 되니까 말이다.

KEY Point ————————————————

인간관계에도 선택과 집중이 필요하다.

57

관계에 냉정함이
필요한 이유

 # 매몰 비용 효과

"가끔은 단호하게 끊어야 될 관계도 있는 법이지."
"잃는 것이 아까워도 다 끌어안고 살 수는 없어."

사람은 누군가와 일단 어울리기 시작하면 그 사람과의 인연을 끊기 어렵다고 느낀다. '모처럼 알게 됐으니까'라고 생각하는 것이다. 하지만 잘 생각해 보기 바란다. 그 사람과의 관계는 정말로 자신에게 바람직할까? 그 사람과의 교제로 얻는 것이 있을까?

모처럼 맺은 인연이라고 해도 자신의 손해가 더 크게 느껴지면 아무래도 그만 어울리는 편이 낫다. 예를 들어 어떤 고객과의 관계가 형성되었을 때 그 고객이 지나친 요구만 하는 사람이라도 관계를 유지하는 경우가 종종 있다. 이처럼 일단 관계가 형성되면 좀처럼 끊기 어렵다.

잃는 것을
아깝게 느끼는 마음

이러한 심리는 '성크 코스트 효과sunk costs effect'라고 한다. 성크 코스트는 매몰 비용이라는 의미인데, 우리는 일단 비용 (금전, 노력)을 들여서 손에 넣은 것은 잃기 아까워한다.

이런 심리적 이유로 사실은 자신에게 해가 되기만 하는 관계지만 일단 맺었으니 자르기는 아깝다고 느낀다는 것이다. 매몰 비용 효과 때문에 냉정하게 판단하지 못하게 된다.

미국 오하이오대학교의 할 아크스Hal R. Arkes 는 다음과 같은 일화를 들려주고 자신이라면 어떻게 판단할 것인지 대답을 요구해 보았다.

- 당신은 미시간주 스키 투어 티켓을 100달러에 구입했다. 그다음에 위스콘신주 스키 투어 티켓도 50달러에 구입했다. 그런데 일정이 겹쳐서 어느 한쪽을 포기해야 한다. 당신은 어느 쪽 투어를 가겠는가? 스키장으로는 위스콘신주의 스키가 눈의 질도 좋고 훨씬 매력적이다.

냉정하게 생각하면 위스콘신주의 투어를 선택해야 한다. 그쪽이 분명히 스키를 더 즐길 수 있을 것으로 보장되기 때문이다. 더는 망설일 필요가 없을 정도로 명백한 사실이다.

그런데 할 아크스의 실험에서는 무려 절반이 위스콘신주의 투어 대신 미시간주의 투어를 선택했다. 이유는 돈이 더 많이 들기 때문이다. 돈을 잃기 싫다는 마음이 냉정한 판단을 흐리게 한 것이다.

정보다는
냉정한 판단이 중요하다

잘 생각해 보자. 어떤 사람과의 관계가 지금까지도 그랬고 앞으로도 쭉 고통스러울 것 같다면 그 관계는 영원히 지속할 수 없다. 냉정하게 판단해서 빨리 인연을 끊는 편이 좋을 수도 있으므로 판단이 흐려지지 않게 주의하기 바란다.

🌡 **KEY Point** ─────────────────────────

필요하다면 관계를 끊을 때를 냉정하게 잘 판단해야 한다.

58
왜 믿는 대로
이루어진다고 할까?

플라세보 효과

"효과가 있다고 믿으면 진짜로 이루어질 수도 있어."
"먹으면 힘이 나는 음식이 있다고 믿어 보면 도움이 돼."

기분이 급격하게 우울해져서 정신과 진료를 받으면 항우
울제를 처방해 줄 것이다. 그런데 사실을 말하자면 항우울제
의 효과는 50퍼센트에서 75퍼센트가 플라세보 효과(위약 효
과)라고 한다.

플라세보 효과란 단순한 억측에서 나타나는 효과다. '의사
가 처방한 약이니까 엄청 잘 듣겠지?' 하고 굳게 믿으며 복용
하기 때문에 우울증이 치료되는 것이며, 약 자체에 엄청난

효능이 있지는 않은 경우가 있다.

중요한 것은
약의 효능 자체가 아니다

미국 캘리포니아주립대학교 신경정신연구소의 앤드류 루처Andrew F. Leuchter는 우울증이라고 진단 받은 환자 51명을 9주 동안 더블 블라인드 실험(환자와 약을 처방하는 의사 모두 누가 진짜 항우울제를 투여하고 누가 위약을 투여하는지 알 수 없는 실험)에 참가시켰다.

그 결과, 가짜 약이라도 항우울제와 마찬가지로 치료 효과가 나타나는 걸 알 수 있었다. 또한 뇌 기능을 조사해 보니 항우울제를 처방했을 때와 똑같은 뇌의 영역(전두전피질 등)에서 변화가 보였다.

아무리 위약이라도 이 약이 효과가 있다고 믿으면 실제로 뇌에 영향을 줘서 증상이 완화되는 것이다. 이때 중요한 것은 본인이 '이 약은 효과가 있다'라고 얼마나 믿을 수 있느냐에 달렸다.

파워 푸드의
힘

어떤 음식이든 좋다. 자기 나름대로 '이건 효과가 있다'라고 믿을 수 있는 것을 준비하자. 기분이 처지거나 불안해지는 일이 생길 때마다 그런 음식을 먹으면 우울한 기분을 한 번에 날려 버릴 수 있게 된다. 이런 음식을 '파워 푸드'라고 한다.

나에게 힘이 된다고 생각하는 음식을 정해서 무슨 일이 있을 때마다 먹으면 플라세보 효과를 통해 정말로 힘을 낼 수 있다.

스테이크든 장어든 조각 케이크든 뭐든지 상관없다. 자신이 그 음식을 먹으면 힘이 난다고 굳게 믿으면 그것이 최고의 파워푸드가 된다. 프로 운동선수도 중요한 경기 전날이나 당일 아침에 먹는 음식은 대체로 늘 정해져 있다고 한다.

이런 방법은 아무나 흉내 낼 수 있다. 자신에게 주문을 잘 걸기만 하면 누구나 따라 할 수 있고 무서울 것도 전혀 없다.

🌡 **KEY Point** ─────────────────────────
사람은 강하게 믿으면 실제로 그렇게 변한다.

59

가장 행복한 기분이 되는
가장 쉬운 방법

최애의 법칙

"사랑에 빠지면 인생도 활기차게 바뀌어~"
"최애 덕분에 살맛이 나!"

인간은 사랑에 빠지면 모든 것이 장밋빛으로 보이고 부정적인 생각이 사라진다. 그런 의미에서 하찮은 일로 고민하지 않으려면 일단 누군가를 좋아하는 것이 요령이다.

미국 머시허스트대학교의 테리 페티존 2세Terry F. Pettijohn II는 사람들에게 "당신은 어떨 때 행복해지는가?"라고 물었다. 이 설문에서 당당하게 1위를 차지한 대답은 바로 '사랑에 빠질 때'였다.

'복권에 당첨될 때'가 2위였고 '성공, 명성을 얻을 때'가 3위였다. 그러나 복권에 당첨되는 일은 거의 없고 성공이나 명성을 얻는 것도 말도 안 되게 어려운 일이다.

그에 비해 사랑에 빠지는 건 누구든지 어렵지 않게 할 수 있다. 즉, 행복해지기 위한 가장 손쉬운 방법은 누군가를 사랑하는 것이다.

그렇다고 해도 자신이 이미 결혼했으면 새로운 연애를 하기란 좀처럼 쉽지 않을 것이다. 바람을 피우기라도 하면 가정이 붕괴될 테니 말이다.

누군가를 사랑하면 정신적, 신체적으로 활기차게 바뀐다

여기서 한국의 아이돌이나 히카와 키요시(일본 엔카의 황태자라 불리는 인기 가수 ─ 옮긴이) 등의 열성 팬이 되는 중년의 여성들을 참고할 만하다. 실제로 아이돌과 사귈 수 있는 것은 아니지만 그래도 그녀들은 사랑에 빠져서 매우 행복해 보인다. 굉장히 활기가 넘쳐서 부러워지기까지 한다. 바로 이를 흉내 내는 것이다.

아이돌 그룹 중에서 자신이 가장 좋아하고 응원하는 사람을 최애라고 한다. 그러니까 자신만의 최애를 만드는 것은 어떨까? 심리학적으로 보면 꽤 좋은 아이디어다.

사랑하는 마음을 가지면 우리는 정신적으로도 생기발랄해진다. 몸의 면역 계통도 활성화되므로 피부가 매끈매끈해진다. 거짓말 같겠지만 이 말은 진짜다.

영웅호색이라는 말이 있는데, 나이가 들어도 색정에 열정적인 사람이 활기차게 지낼 수 있고 고민이나 스트레스와도 거리가 먼 생활을 보낼 수 있게 된다.

자신만의
최애를 만들자

이 방법은 어려운 방법도 아니다. 속는 셈치고 자신만의 최애를 만들어 보기를 바란다. 좋아하는 사람이 생기면 날마다 행복하게 지낼 수 있고 정신적으로 매우 안정된다.

실제로 사귈 수 있는지는 중요하지 않다. 중요한 것은 사랑한다는 행위 그 자체이다.

🌡 **KEY Point** ─────────────────────

사람은 사랑을 하면 생기 있어진다.

60

사람들이 남에게
냉담한 이유

 # 친절함의 법칙

"시골처럼 한가한 곳에 살면 인성도 따뜻해진대."
"자연으로 힐링하면 걱정도 줄어들지."

만약에 여러분이 도시에 산다면 시골로 이사해 보는 것은
어떨까? 도시에 사는 사람은 일반적으로 차가운 경향이 있
기 때문이다(물론 예외인 사람도 많다).

그런 점에서 시골에서는 마음씨 착한 사람들을 많이 볼
수 있다.

미국 웨스트플로리다대학교의 스티븐 브리지스F. Stephen
Bridges는 우표가 붙은 봉투 420장을 준비해서 주소와 받는

사람을 자신의 연구실로 하고 동네 곳곳에 떨어뜨려 놓았다.
그리고 봉투를 주운 사람이 친절하게 우체통에 넣어 줄 것인
지 측정해 보았다.

먼저 도시에서 봉투를 뿌렸더니 되돌아온 비율은 39.3퍼
센트였다. 그럼 시골의 작은 마을에서는 얼마나 돌아왔을
까? 무려 92.9퍼센트로 압도적인 차이를 보였다. 시골 사람
들은 대체로 착해서 봉투가 떨어져 있으면 분명히 곤란할 거
라 생각하며 도우려 한다는 것이다.

시골일수록
따뜻한 사람이 많다

미국 플로리다주립대학교의 샤우나 윌슨Shauna B. Wilson도
똑같은 실험을 했다.

그녀는 시골과 도시에서 21세의 여성 어시스턴트가 보행
자 앞을 걷다가 봉투를 은근슬쩍 떨어뜨리도록 했다. 그리고
떨어진 봉투를 알아챈 보행자가 친절하게 주워서 알려 줄 것
인지 측정해 보았다.

그 결과, 시골에서는 80퍼센트가 떨어진 봉투를 주워 주
었지만 도시에서는 60퍼센트뿐이었다. 또 주워 주는 시간도

측정해 보니 시골에서는 떨어뜨린 지 3.7초 만에 주워 주었는데 도시에서는 5.3초가 걸렸다. 도시 사람들은 친절할 때도 조금 주저한 후에 행동하는 모양이다.

도시가 교통수단도 많고 번화가도 잘 되어 있어서 살기에 편리하기는 하지만 '사람이 차갑다', '매정한 사람이 많다', '친절하게 대하지 않는다'는 등의 특징도 있다.

그런 점에서 생각해 보면, 시골 사람은 지나가는 사람에게도 태연하게 인사한다. 온정도 느낄 수 있어서 행복감을 충족하기에도 좋다.

자연을 가까이 두고
힐링한다

"직장 동료가 정말 냉담하다"
"곤경에 처해도 본체만체하는 사람뿐이다"

이런 불만을 느끼는 사람도 많을 텐데, 어쩌면 그 이유 중 하나는 도시에 직장이 있기 때문일지도 모른다. 아무래도 도시에는 사람이 너무 많은 탓도 있는지, 다른 사람을 걱정하거나 배려하는 모습 등을 보이지 않는 경향이 있다.

시골은 자연으로 가득 차 있어서 푸르른 나무들을 보는 것만으로도 마음이 힐링된다. 그런 의미에서 시골로의 이주를 고려해 보는 것도 추천한다. 따뜻하게 맞아 주는 곳도 많기 때문이다.

📌 KEY Point ───────────────────────────────

냉담한 도시 사람들에게 지쳤다면 시골로의 이사도 한 가지 방법이다.

61

한 가지만 알면 여린 마음도
얼마든지 강해진다

 # 자기 암시 효과

"모델을 정해서 내가 그 사람이라고 암시해 보니 도움이 돼!"
"의심하지 않는 게 단단한 멘탈을 얻는 데 도움이 되네."

자신의 멘탈이 두부처럼 부서지기 쉬워서 고민한다면 누
군가 멘탈이 강한 모델을 찾아서 "나는 ○○야"라고 굳게 믿
어 보는 것도 좋은 아이디어다.

운동선수도 좋고 격투기 선수도 상관없다. 다만 '이 사람은
늘 침착해서 강철 멘탈을 갖고 있는 것 같다'라며 스스로 존
경할 수 있는 사람이 좋다. "나는 ○○다!"라고 몇 번이고 자
신에게 타이르며 암시를 걸자. 그렇게 하면 그 모델과 마찬
가지로 멘탈이 강해질 수 있다.

'고작 자기 암시 정도로……'라며 무시하는 사람이 있을 수 있다. 그 말대로 고작 자기 암시일 수도 있지만, 그래도 자기 암시가 중요하다.

자기 암시를 잘 걸면 정말로 모델과 똑같은 힘을 얻을 수도 있다.

고작 자기 암시
vs. 그래도 자기 암시

러시아 모스크바대학교의 블라디미르 라이코프 Vladimir L. Raikov는 학생들에게 '나는 러시아의 작곡가 세르게이 라흐라미노프다', '나는 빈의 천재 바이올리니스트 프리츠 크라이슬러다'라는 자기 암시를 걸게 한 후 악기 연주를 시켜 보았다. 그 연주를 듣고 전문가에게 점수를 매기게 했더니 연주를 잘하게 된다는 것을 알 수 있었다.

또 프랑스의 수학자 앙리 포앙카레나 러시아의 수학자 안드레이 콜모고로프가 되었다는 암시를 건 후 수학 문제를 풀게 하자 역시 점수가 올랐다는 것도 밝혀냈다.

그 외에도, 그는 미국의 체스 선수 폴 모피가 되었다 생각한 후 체스를 두게 하자 정말로 체스 실력이 강해지는 것도 확인했다.

이런 사례들을 보면 자기 암시는 좀처럼 무시할 수 없는 힘을 숨기고 있는 것 같지 않은가?

자기 암시를
잘 거는 요령

자기 암시를 거는 요령은 의심하지 않는 것이다.

'어차피 이런 일을 한다고 자신이 달라질 리는 없다'라고 의심하면 자기 암시가 작동하지 않는다. 라이코프의 실험에서도 의심하는 사람의 경우 자기 암시 효과도 약해졌다.

만약 자기 암시를 시도해 볼 거라면 '반드시 효과가 있다!'라고 믿는 것이 매우 중요하다. 믿을수록 자기 암시가 강해지기 때문에 '이런 건 의미가 없다'고 생각하지 말자.

자기 암시를 잘 걸면 강철처럼 단단한 멘탈을 얻는 것도 꿈이 아니다.

🌡 **KEY Point** ─────────────────────
자기 암시를 잘 활용하면 두부 같은 멘탈을 다스릴 수 있다.

칼럼 6

남의 떡은
생각한 것만큼 크지 않다

우리는 다른 사람의 좋은 점만 보고 나쁜 점은 보지 않는다. 사실은 자신이 더 행복할 수 있는데도 다른 사람이 자신보다 당연히 행복할 것이라고 굳게 믿어서 좌절하거나 몸부림치며 괴로워한다.

미국 텍사스대학교의 데이비드 샤케이드David Sch-kade는 재미있는 연구를 했다.

그는 중서부에 사는 주민에게 "당신은 얼마나 행복한가?"라고 묻는 한편 "캘리포니아에 사는 주민이 얼마나 행복할 것 같은가?"라고 물어보았다. 그리고 같은 질문을 캘리포니아에 사는 주민들에게도 물어보았다.

그 결과 중서부에 사는 주민은 캘리포니아에 사는 사람들이 자신보다 훨씬 더 행복할 것이라고 철석같이 믿는다는 사실을 알았다. 캘리포니아는 기후가 온난해서 살기 좋은 장소이기 때문이다.

그런데 캘리포니아에 사는 주민들이 느끼는 행복도는 중서부에 사는 사람들과 전혀 다를 게 없음을 알 수 있었다. 그다지 행복하지도 않았다.

그 이유는 캘리포니아에 사는 주민의 경우 기후가 온난하고 살기 좋다는 장점뿐만 아니라 교통 정체가 심각하다거나 범죄가 잦다는 단점도 확실히 알아서 기후에만 주목하여 판단하지 않기 때문이다.

트위터 등의 SNS에서 팔로워 수가 많은 사람을 부러워하는 사람이 많겠지만 팔로워 수가 많은 사람은 사소한 실언으로도 사람들에게 뭇매를 맞는다는 점을 알기에 전전긍긍하며 활동할지도 모른다. 절대로 즐겁기만 하지 않을 텐데 어떻게 생각하는가? 공교롭게도 나는 지인 중에 인플루언서가 없어서 그런 점을 확인할 수 없다.

　다른 사람을 부러워하거나 질투한다면 그 사람의
장점뿐만 아니라 단점에도 주목해 보면 어떨까?
　'○○ 씨는 모두가 의지해서 부러웠는데 잘 생각해
보니까 자기 일도 아닌 일까지 처리해야 하니까 그
다지 부럽지만은 않다'는 것을 깨달으면 질투심도 사
라진다. 또한 모든 사람이 의지하는 것도 아닌 자신
이 쓸데없는 일까지 맡을 우려도 없다.
　하나하나 따져 보면서 사실은 내가 운이 좋다는 사
실을 깨달으면 고민이 한꺼번에 사라지고 오히려 행
복을 느낄 수 있을 것이다.

어떤 상황에서든 나는 생각보다 괜찮은 사람이다

인간은 '사회적 동물'이라고 한다. 꿀벌 등과 마찬가지로 다 함께 협동 작업을 하며 생활하기 때문이다. 따라서 아무리 인간관계가 귀찮다고 느끼더라도 사회에서 벗어나 살아갈 수 없다.

과학 기술이 아무리 발달해도 인간관계가 사회의 기본이 되기 때문에 싫어도 벗어날 수는 없다. 제아무리 슬퍼하며 탄식해도 이는 인간의 숙명이기에 어쩔 수 없다.

그렇다면 인간관계로 생기는 고통에서 벗어날 수 없을까?

그렇지는 않다. 고민이나 고통을 줄이고 완전히 없애버리는 것도 충분히 가능하다. 이 책에서는 이를 위한 방법을 하나 하나 자세히 소개했다.

'과연, 이런 방법은 참고할 만하다'
'이렇게 하면 마음이 편해질 수 있겠구나'
'뭐야, 이렇게 생각하는 방법도 있었잖아?'

독자 여러분이 이렇게 느꼈다면 저자로서 이보다 더 큰 기쁨은 없을 것이다. 조금이라도 여러분의 마음을 편하게 만드는 데 이 책이 도움이 되었으면 하는 마음으로 집필했다.

급해질 때마다 신을 찾는 사람들이 있다. 마음이 괴롭다고 느껴지면 신에게 의지하는 것도 좋지만 때로는 심리학에도 의지해 보기 바란다.
심리학이라는 학문은 다른 학문과는 달리 우리의 일상생활과 밀접한 관련이 있다. 여기서 얻는 지식은 혼자서도 쉽게 실천할 수 있다는 점이 다른 학문에서는 볼 수 없는 강점이다. 심리학에는 여러 분야가 있는데 건강심리학과 의료심리학, 또는 긍정심리학이라고 하는 분야의 책도 꼭 한번 읽어 보기 바란다.

책 한 권을 만드는 일은 작가 혼자의 힘으로 할 수 없다. 정말로 여러 사람의 힘을 빌려 가며 모든 사람의 힘을 모아서 책이 만들어진다. 이 책을 집필하며 아스카출판사 편집부의 다나카 유야 씨에게 신세를 졌다. 이 자리를 빌려 감사 인사를 전한다.

어떤 일이든 그렇겠지만 인간은 다 함께 힘을 합쳐야 큰일을 이룰 수 있다. 이런 점에서도 인간관계의 중요성을 알 수 있다.

마지막으로 독자 여러분에게도 고마움을 전하고 싶다. 또 어딘가에서 다시 만나기를 바라며 펜을 놓겠다.

"끝까지 읽어 주셔서 진심으로 고맙습니다."

나이토 요시히토

· Aknin, L. B., Hamlin, J. K., & Dunn, E. W. 2012 Giving leads to happiness in young children. Plos One, 7, e39211.

· Alden, L., & Cappe, R. 1981 Nonassertiveness: Skill deficit or selective self-evaluation? Behavior Therapy, 12, 107-114.

· Arkes, H. R. & Ayton, P. 1999 The sunk cost and concorde effects: Are humans less rational than lower animals? Psychological Bulletin, 125, 591-600.

· Aucouturier, J. J., Johansson, P., Hall, L., Segnini, R., Mercadie, L., & Watanabe, K. 2016 Covert digital manipulation of vocal emotion alter speakers' emotional states in a congruent direction. Proceedings of the National Academy of Sciences, 114, 948-953.

· Baird, B., Smallwood, J., Fishman, D. J. F., Mrazek, M. D., & Schooler, J. W. 2013 Unnoticed intrusions: Dissociations of meta-consciousness in thought suppression. Consciousness and Cognition, 22, 1003-1012.

· Baumeister, R. F., Bratslavsky, E., Finkenauer, C., & Vohs, K. D. 2001 Bad is stronger than good. Review of General Psychology, 5, 323-370.

· Beer, J. S., Chester, D. S., & Hughes, B. L. 2013 Social threat and cognitive load magnify selfenhancement and attenuate self-deprecation. Journal of Experimental Social Psychology, 49, 706-711.

· Bridges, F. S. & Coady, N. P. 1996 Affiliation, urban size, urgency, and cost of responses to lost letters. Psychological Reports, 79, 775-780.

· Brooks, A. W. 2014 Get excited: Reappraising pre-performance anxiety as excitement. Journal of Experimental Psychology: General, 143, 1144-1158.

· Bullens, L., van Harreveld, F., Forster, J., & van der Pligt, J. 2013 Reversible decisions: The grass isn't greener on the other side: It's also very brown over here. Journal of Experimental Social Psychology, 49, 1093-1099.

· Bushman, B. J., DeWall, C. N., Pond, R. S. Jr., & Hanus, M. D. 2014 Low glucose relates to greater aggression in married couples. Proceedings of the National Academy of Sciences, 111, 6254-6257.

신경 끄기 연습

- Bushman, B. J., Ridge, R. D., Das, E., Key, C. W., & Busath, G. M. 2007 When god sanctions killing. Psychological Science, 18, 204-207.
- Cameron, A. M., Massie, A. B., Alexander, C. E., Stewart, B., Montgomery, R. A., Benavides, N. R., Fleming, G. D., & Segev, D. L. 2013 Social media and organ donor registration: The Facebook effect. American Journal of Transplantation, 13, 2059-2065.
- Colvin, C. R., Block, J., & Funder, D. C. 1995 Overly positive self-evaluations and personality: Negative implications for mental health. Journal of Personality and Social Psychology, 68, 1152-1162.
- Craig, C., Overbeek, R. W., Condon, M. V., & Rinaldo, S. B. 2016 A relationship between temperature and aggression in NFL football penalties. Journal of Sport and Health Science, 5, 205-210.
- Cunningham, M. R. 1997 Social allergens and the reactions that they produce: Escalation of annoyance and disgust in love and work. In Aversive Interpersonal Behaviors, edited by R. M. Kowalski. New York: Plenum Press.
- Day, M. V. & Bobocel, D. R. 2013 The weight of a guilty conscience: Subjective body weight as an embodiment of guilt. Plos One, 8, e69546.
- Edelman, R. E., & Chambless, D. L. 1995 Adherence during sessions and homework in cognitivebehavioral group treatment of social phobia. Behavior Research and Therapy, 33, 573-577.
- Epley, N. & Schroeder, J. 2014 Mistakenly seeking solitude. Journal of Experimental Psychology: General, 143, 1980-1999.
- Foxman, J., & Radtke, R. C. 1970 Negative expectancy and the choice of an aversive task. Journal of Personality and Social Psychology, 15, 255-257.
- Frank, R. H., Gilovich, T., & Regan, D. T. 1993 Does studying economics inhibit cooperation. Journal of Economic Perspectives, 7, 159-171.
- Garrison, K. E., Tang, D., & Schmeichel, B. J. 2016 Embodying power: A preregistered replication and extension of the power pose effect. Social Psychological and Personality Science, 7, 623-630.
- Gilovich, T., Medvec, V. H., & Savitsky, K. 2000 The spotlight effect in social judgment: An egocentric bias in estimates of the salience of one's own actions and appearance. Journal of Personality and Social Psychology, 78, 211-222.
- Glabska, D., Guzek, D., Groele, B., & Gutkowska, K. 2020 Fruit and vegetable intake and mental health in adults: A systematic review. Nutrients, 12, 115; doi:10.3390.
- Greitemeyer, T. 2009 Effects of songs with prosocial lyrics on prosocial behavior: Further evidence and a mediating mechanism. Personality and Social Psychology Bulletin, 35, 1500-1511.
- Gross, J. J. & John, O. P. 2003 Individual differences in two emotion regulation processes: Implications for affect, relationships, and well-being. Journal of Personality and Social

Psychology, 85, 348-362.

· Harris, M. B., Benson, S. M., & Hall, C. L. 1975 The effects of confession on altruism. Journal of Social Psychology, 96, 187-192.

· Howell, J. L., Koudenburg, N., Loschelder, D. D., Weston, D., Fransen, K., De Dominicis, S., Gallagher, S., & Haslam, S. A. 2014 Happy but unhealthy: The relationship between social ties and health in an emerging network. European Journal of Social Psychology, 44, 612-621.

· Hung, I. W., & Labroo, A. A. 2011 From firm muscles to firm willpower: Understanding the role of embodied cognition in self-regulation. Journal of Consumer Research, 37, 1046-1064.

· Kahan, D. M., Peters, E., Dawson, E. C., & Slovic, P. 2017 Motivated numeracy and enlightened selfgovernment. Behavioral Public Policy, 1, 54-86.

· Kalanthroff, E., Aslan, C., & Dar, R. 2017 Washing away your sins will set your mind free: Physical cleansing modulates the effect of threatened morality on executive control. Cognition and Emotion, 31, 185-192.

· Kang, S. K., DeCelles, K. A., Tilcsik, A., & Jun, S. 2016 Whitened resumes: Race and self-presentation in the labor market. Administrative Science Quarterly, 61, 469-502.

· Kappas, A., Hess, U., Barr, C. L., & Kleck, R. E. 1994 Angle of regard: The effect of vertical viewing angle on the perception of facial expressions. Journal of Nonverbal Behavior, 18, 263-283.

· Keltner, D., Young, R. C., & Buswell, B. N. 1997 Appeasement in human emotion, social practice, and personality. Aggressive Behavior, 23, 359-374.

· Konrath, S., O'Brien, E. H., & Hsing, C. 2011 Changes in dispositional empathy in American college students over time: A meta-analysis. Personality and Social Psychology Review, 15, 180-198.

· Kramer, A. D. I., Guillory, J. E., & Hancock, J. T. 2014 Experimental evidence of massive-scale emotional contagion through social networks. Proceedings of the National Academy of Sciences, 111, 8788-8790.

· Kunda, Z., Sinclair, L., & Griffin, D. 1997 Equal ratings but separate meanings: Stereotypes and the construal of traits. Journal of Personality and Social Psychology, 72, 720-734.

· Leuchter, A. F., Cook, I. A., Witte, E. A., Morgan, M., & Abrams, M. 2002 Changes in brain function of depression subjects during treatment with placebo. American Journal of Psychiatry, 159, 122-129.

· Levine, T. R., Park, H. S., & McCornack, S. A. 1999 Accuracy in detecting truths and lies: Documenting the "Veracity Effect". Communication Monographs, 66, 125-144.

· Magali, C., Patty, V. C., Marianne, B., & Adam, B. C. 2016 Good day for leos: Hororscope's influence on perception, cognitive performances, and creativity. Personality and Individual Differences, 101, 348-355.

· Marsh, A. A. & Ambady, N. 2007 The influence of the fear facial expression on prosocial responding. Cognition and Emotion, 21, 225-247.

· McCann, S. J. H. 2014 Happy twitter tweets are more likely in American States with lower levels of resident neuroticism. Psychological Reports, 114, 891-895.

· McMillen, C., Zuravin, S., & Rideout, G. 1995 Perceived benefit from child sexual abuse. Journal of Consulting and Clinical Psychology, 63, 1037-1043.

· Medvec, V. H., Madey, S. F., & Gilovich, T. 1995 When less is more: Counterfactual thinking and satisfaction among Olympic medalists. Journal of Personality and Social Psychology, 69, 603-610.

· Mehl, T., Jordan, B., & Zierz, S. 2016 Patients with amyotrophic lateral sclerosis(ALS) are usually nice persons. How physicians experienced in ALS see the personality characteristics of their patients. Brain and Behavior, 6, doi:10.1002/brb3.599

· Miles, L. K. 2009 Who is approachable? Journal of Experimental Social Psychology, 45, 262-266.

· Mueller, J. S., Goncalo, J. A., & Kamdar, D. 2011 Recognizing creative leadership: Can creative idea expression negatively relate to perceptions of leadership potential? Journal of Experimental Social Psychology, 47, 494-498.

· Nelissen, R. M. A. & Zeelenberg, M. 2009 When guilt evokes self-punishment: Evidence for the existence of a Dobby Effect. Emotion, 9, 118-122.

· Nickerson, C., Schwarz, N., Diener, E., & Kahneman, D. 2003 Zeroing in on the dark side of American dream: A closer look at the negative consequences of the goal for financial success. Psychological Science, 14, 531-536.

· Nota, J. A. & Coles, M. E. 2015 Duration and timing of sleep are associated with repetitive negative thinking. Cognitive Therapy and Research, 39, 253-261.

· O'Connor, D. B., Jones, F., Ferguson, E., Conner, M., & McMillan, B. 2008 Effects of daily hassles and eating style on eating behavior. Health Psychology, 27, s20-s31.

· Pettijohn, T. F. II., & Pettijohn, T. F. 1996 Perceived happiness of college students measured by Maslow's hierarchy of needs. Psychological Reports, 79, 759-762.

· Phattheicher, S., & Keller, J. 2015 The watching eyes phenomenon: The role of a sense of being seen and public self-awareness. European Journal of Social Psychology, 45, 560-566.

· Philippen, P. B., Bakker, F. C., Oudejans, R. R. D., & Canal-Bruland, R. 2012 The effects of smiling and frowning on perceived affect and exertion while physically active. Journal of Sport Behavior, 35, 337-353.

· Pingitore, R., Dugoni, B. L., Tindale, R. S., & Spring, B. 1994 Bias against overweight job applicants in a simulated employment interview. Journal of Applied Psychology, 79, 909-917.

· Pratkanis, A. R. 1988 The attitude heuristic and selective fact identification. British Journal of Social Psychology, 27, 257-263.

- Raikov, V. L. 1976 The possibility of creativity in the active stage of hypnosis. International Journal of Clinical and Experimental Hypnosis, 24, 258-268.
- Rand, D. G., Greene, J. D., & Nowak, M. A. 2012 Spontaneous giving and calculated greed. Nature, 489, 427-430.
- Sandstrom, G. M. & Dunn, E. W. 2014 Social interactions and well-being: The surprising power of weak ties. Personality and Social Psychology Bulletin, 40, 910-922.
- Savitsky, K. & Gilovich, T. 2003 The illusion of transparency and the alleviation of speech anxiety. Journal of Experimental Social Psychology, 39, 618-625.
- Schkade, D. A., & Kahneman, D. 1998 Does living in California make people happy? A focusing illusion in judgments of life satisfaction. Psychological Science, 9, 340-346.
- Schroeder, H. E., Rakos, R. F., & Moe, J. 1983 The social perception of assertive behavior as a function of response class and gender. Behavior Therapy, 14, 534-544.
- Sinclair, S., Lowery, B. S., Hardin, C. D., & Colangelo, A. 2005 Social tuning of automatic racial attitudes: The role of affiliative motivation. Journal of Personality and Social Psychology, 89, 583-592.
- Slomka, J. 1992 Playing with propranolol. The Hastings Center Repo, 22, 13-17.
- Sunstein, C. R., Bobadilla-Suarez, S., Lazzaro, S. C., & Sharot, T. 2016 How people update beliefs about climate change: Good news and bad news. Cornell Law Review, 102, 1431-1443.
- Stuhlmacher, A. F. & Citera, M. 2005 Hostile behavior and profit in virtual negotiation: A meta-analysis. Journal of Business and Psychology, 20, 69-93.
- Taylor, A., Wright, H. R., & Lack, L. 2008 Sleeping-in on the weekend delays circadian phase and increases sleepiness the following week. Sleep and Biological Rhythms, 6, 172-179.
- Vorauer, J. D. & Claude, S. D. 1998 Perceived versus actual transparency of goals in negotiation. Personality and Social Psychology Bulletin, 24, 371-385.
- Want, S. C., Vickers, K., & Amos, J. 2009 The influence of television programs on appearance satisfaction: Making and mitigating social comparisons to 'Friends'. Sex Roles, 60, 642-655.
- Wilson, A. E. & Ross, M. 2000 The frequency of temporal-self and social comparisons in people's personal appraisals. Journal of Personality and Social Psychology, 78, 928-942.
- Wilson, S. B., & Kennedy, J. H. 2006 Helping behavior in a rural and an urban setting: Professional and casual attire. Psychological Reports, 98, 229-233.
- Worthy, D. A., Markman, A. B., & Maddox, W. T. 2009 Choking and excelling at the free throw line. International Journal of Creativity & Problem Solving, 19, 53-58.

걱정, 초조, 두려움을 뛰어넘는 61가지 심리 기술

신경 *끄기* 연습

1판 1쇄 2023년 1월 2일
1판 18쇄 2024년 12월 16일

지은이 나이토 요시히토
옮긴이 김한나
펴낸이 유경민 노종한
책임편집 김세민
기획편집 유노책주 김세민 이지윤 **유노북스** 이현정 조혜진 권혜지 정현석 **유노라이프** 권순범 구혜진
기획마케팅 1팀 우현권 이상운 **2팀** 이선영 김승혜 최예은 전예원
디자인 남다희 홍진기 허정수
기획관리 차은영
펴낸곳 유노콘텐츠그룹 주식회사
법인등록번호 110111-8138128
주소 서울시 마포구 월드컵로20길 5, 4층
전화 02-323-7763 **팩스** 02-323-7764 **이메일** info@uknowbooks.com

ISBN 979-11-92300-40-5 (03190)

• ─ 책값은 책 뒤표지에 있습니다.
• ─ 잘못된 책은 구입한 곳에서 환불 또는 교환하실 수 있습니다.
• ─ 유노북스, 유노라이프, 유노책주는 유노콘텐츠그룹의 출판 브랜드입니다.